新时代教育高质量发展书系
XINSHIDAIJIAOYUGAOZHILIANGFAZHANSHUXI

教学的艺术

特级教师经典教学法100例

吴 霞◎著

中国大百科全书出版社 知识出版社

图书在版编目（CIP）数据

教学的艺术 ：特级教师经典教学法100例 / 吴霞著.
-- 北京 ：知识出版社，2020.5
（新时代教育高质量发展书系）
ISBN 978-7-5215-0125-4

Ⅰ. ①教… Ⅱ. ①吴… Ⅲ. ①语文课— 教学法— 中小学Ⅳ. ①G633.302

中国版本图书馆CIP数据核字(2020)第015800号

教学的艺术：特级教师经典教学法 100 例　　吴 霞 著

出 版 人	姜钦云
出版统筹	张京涛
产品经理	郭文婷
责任编辑	易晓燕
特约编辑	田荣尚
装帧设计	吴 丹
出版发行	知识出版社
地　　址	北京市西城区阜成门北大街 17 号
邮　　编	100037
电　　话	010-88390659
印　　刷	北京一鑫印务有限责任公司
开　　本	710mm×1000mm 1/16
印　　张	15
字　　数	181 千字
版　　次	2020 年 5 月第 1 版
印　　次	2023 年 3 月第 7 次印刷
书　　号	ISBN 978-7-5215-0125-4
定　　价	40.00 元

序

教育是关乎千家万户的事业，任何一个社会，都需要教育思想的引领。时代在变，教育也在变。然而，变中也有“不变”，所以，我们要对教育进行哲学的思考，只有搞清楚了哪些需要变，哪些不能变，才能真正做好教育。而教育的本质是什么，什么是好的教育，理想的教育是什么样的，这些最基本的教育问题应是教育哲学思考的源头。只有弄清楚这些最基本的问题，我们才能找到正确的方向，办出有质量的教育。

教育是培养人的事业，是一个通过培养人让人类不断走向崇高、生活更加美好的事业。因此，教育最重要的任务是塑造美好的人性，培养美好的人格，使学生拥有美好的人生。如何达成这样的目标？那就需要一批有理想、有情怀、有追求、有实干精神的校长和教师，用自己的青春和智慧去践行。而在现实中，也确实有这样一群人，他们热爱教育事业，关爱每一个学生，一步一个脚印，用脚去丈量教育，用心去感受教育，用智慧去点亮教育。

如何将这样一群人聚在一起，用他们的智慧去影响更多的教师？

中国大百科全书出版社、知识出版社策划出版了“新时代教育高质量发展书系”，进行了可贵的探索。他们在全国范围内汇聚了60名优秀的教育工作者，这些教育工作者大多是扎根教育一线的优秀校长和教师。书中的经验、实践、体会和思想，既有教学的艺术，也有管理的智慧；既有育人的技巧，也有师德的弘扬；既有教师的发展思考，也有校长的成长感悟；既有师生关系的融通之术，也有家校关系的弥合之道。60本书，60个点，每一个点都是一门学问，一门艺术。

我今年给“新教育”的同人写过一封新年信，题目是“让教育沐浴人性的光辉”，从三个方面对教师的工作提出了建议。我也把这三条建议送给这套丛书的作者和读者朋友。

一是要善待我们自己。要珍惜时间，张弛有度，让人生丰盈；发现教师职业魅力，做一个善于享受教育生活的人；培养健康的爱好，做一个有生活情趣的人；与学生一起成长，做一个在教育过程中不断进取的人；不断挑战自我的最高峰，做一个创造自己生命传奇的人。

二是要善待学生。要把学生作为一个真正的人看待，让学生能够张扬自己的个性，发挥自己的潜能，成为更好的自己。在我们教室里的学生，首先是活生生的生命。我们应该从生命的角度考虑，首先是如何帮助他成为一个人，一个有理想、有激情、有智慧的人，一个能够适应社会并且受人欢迎的人，一个挖掘自身潜能、张扬不同个性的人。

三是要把教育的温暖传递给社会。许多问题，归根结底是教育的问题。尽管我们任何一个人，作为个体的力量都是有限的，但是，再渺小的个体，也能够温暖身边的人。所以，我们要让所有和我们相遇的人，都能够感受到我们的美好和温暖，这也是让人与人之间，让全社会变得更美好、更温暖的有效方式。

有人性的人是明亮的，有人性的教育是光明的。让教育沐浴人性的光辉，我们的今天将会更加幸福，我们的明天将会更加美好，我们的世界将会因此璀璨。

是以为序。

朱永新

2020年5月1日

目　录

第一章

课堂教学，重在导入

教学是一门科学，同时也是一门艺术。课堂教学中的导课环节是整个课堂教学中不可或缺的一部分，它的重要性不容忽视。特级教师于漪曾说：“在课堂教学中要培养、激发学生的兴趣，首先应抓住导入新课的环节，一开始就把学生牢牢地吸引住。”“导入是教师在一项新的教学内容或活动开始前，引导学生进入学习状态的行为方式。”好的导课能够激发学生的求知欲，唤起学生学习的兴趣和情感，启迪他们的进取心，产生强大的学习动机。导课可以说是整个课堂教学的“准备动作”，为师生即将进行的思维活动做好心理准备。

导课的方法多种多样，但无论哪一种方法都要具有激发学生的兴趣和求知欲望的作用，否则就不能称为好的导课方法。因此，好的导课就像序幕，预示着后面的高潮和结局；就像路标，引导着学生的思维方向。因此，教师必须精心设计好导课环节，为整堂课的顺利进行打好基础。

一、帮助学生消除紧张心理

【案例 1】

《找规律》一课，主要让学生经历自主探索和交流合作的过程，体会画图、列举、计算等解决问题的不同策略，从而达到优化方法的目的。

特级教师詹明道以记数字的方法来进行课堂教学的导入，通过对比让学生感受到规律的作用，激发学生的学习兴趣，比较自然地过渡到教学的下一环节。

特级教师詹明道《找规律》

师：今天的日子很特殊，很有纪念意义，你们知道老师为什么这么说吗？

（学生不知老师的用意，茫然以对，师适时地用手势引导学生向周围看了看）

生：今天的特殊之处在于，我们平时在教室上课，而今天在会议室上课；平时教室里只有一位老师，今天有很多老师到这里来听课。

师：这么多的老师来听我们班的课，作为学校的小主人，我们应该怎么表示呢？

（全体学生鼓掌，台下的教师也回以热烈的掌声）

师：你们真是有礼貌的小主人！在来的客人当中，除了听课的老师外，还有一个人更特殊，你们知道这个人是谁吗？

（学生在短暂的思考之后）

生：这个特殊的人就是您，老师。

师：真聪明！其实，老师不仅是来和同学们共同学习的，而且还是来和同学们交朋友的。由于大家这么有礼貌，老师已经把你们当作好朋友了。你们呢？

生：我们也已经把您当作好朋友了。

师：老师真高兴，一下子就多了这么多的好朋友。你们说今天这个日子怎么样呢？

生：今天的日子很特殊，很有纪念意义。

师：好，既然我们是朋友了，那么老师想知道你们是几年级几班的学生？

生：我们是四年级（3）班的学生。

师：唉！我今天要教五年级的内容，你们却是四年级的学生，这怎么行呢？

生：我们行的。

师：不行，不行，这肯定是安排错了，你们怎么能学五年级的知识呢？

生：詹老师，让我们试试吧，我们一定行的！更何况我们还是好朋友呢！

师：好吧！看在好朋友的面子上，我们就来试一试。但老师先要考一考你们，你们答得好，我们就上课，行不行？

生（齐答）：行！

师：既然今天的日子这么有纪念意义，那今天是几月几日星期几呀？

生：今天是11月16日星期四。

师：明天是几月几日星期几？

生：明天是11月17日星期五。

师：后天呢？

生：后天是11月18日星期六。

师：今天是星期四，下个星期四是几月几日呢？

生：是11月23日。

师：再下一个星期四呢？

生：是11月30日。

师：猜一猜11月30日后的第一个星期四呢？

生：是12月7日。

师：到底对不对呢？让我们在电脑上看一看。

（师生看电脑时间验证正确后）

师：你们真是聪明的孩子，表现得很棒，老师等会儿就给你们上课。在上课之前，老师还有一个更难的问题：谁能猜一猜明年的 11 月 16 日是星期几呢?

（学生答不出来）

师：这个问题有点难吧，希望今天这节课对同学们能有所启发。

【点评】

《小学数学课程标准》指出：在数学学习中，选取的素材要密切联系学生的现实生活，将学生关注和感兴趣的实例作为认知背景。也就是说，根据学生的认知规律，新知识与原有知识关联的程度越深，就越能激发学生的学习欲望；已有认知经验的激活程度越高，越容易实现对新知识的个性化学习。詹老师的导入部分与学生的生活经验、已学的知识密切相关，为学生学习新的知识做好了充分的铺垫。

二、善用鼓励和引导

【案例 2】

听特级教师窦桂梅的课，无论对学生还是教师来说，都是一种难忘的体验。下面是窦桂梅老师的一节公开课，在她感情真挚的鼓励和循循善诱的引导下，学生们踊跃发言，课堂氛围十分活跃，热烈的气氛感染了每一个人。让我们一起走进这节课精彩的导入部分，去领略名师的风采，听听窦桂梅老师的《难忘的一天》。

特级教师窦桂梅《难忘的一天》

师：同学们好！

生：老师好！

师：不要只对我说，也要对台下的老师说。现在是两点多钟，该怎么说？

生：老师下午好！

师：你们声音真大，老师很喜欢你们！

师：你们这么热情，让我想起我以前的故事，那是六年前的事了，你们想听吗？想听的话就让自己的小眼睛亮起来，小脸红起来，小手翘起来。（师讲述一个难忘的故事）

师：那么长的时间都忘不了，用一个词来说，那就是——

生：难忘。

（师板书“难忘”并指导“忘”字的写法。）

师：老师有难忘的事，你们有吗？

生：窦老师给我们上课，这很难忘。

生：爸爸和别人打起来了，这是我最难忘的事情。

…………

师：看来难忘的事有快乐的，有悲伤的，有给人启迪的，有让人印象深刻的。有一个年龄和你们差不多的孩子也有一件难忘的事，我们一起去看看他那难忘的一天。

（师板书课题）

师：谁愿意读第一节？

（生读，读得像唱歌）

师：哎哟，像唱歌一样，好听是好听，可是少了点味道。

（生读，读得很好）

师：节奏感多强啊，来，掌声！不过有几个音读得还不够准确。

（师正音，生齐读）

师：继续往下读。

（生读，读得不错）

师：这么长的段落，读得字正腔圆，真了不起！来，我和你握手！你们还想不想和我握手？继续往下读（生读，师正音），就这样一小节一小节地读完全文。

师：想听老师的评价吗？你们读得很有感情、很流利（竖起大拇指），不过有几个句子还要再多读几遍。

【点评】

窦老师导入新课的技法是精妙的，她用自己最难忘的事引出学生最难忘的事，引起了学生的共鸣——老师同学生一样，也有自己难忘的事，这一下使学生的兴致高涨起来。接着，窦老师用“一个年龄和你们差不多的孩子的难忘的一天”再次引起了学生的共鸣。“年龄差不多”“难忘的一天”引起了学生的好奇，一个与自己“年龄差不多”的孩子能有什么样的“难忘的一天”呢？学生由此与课文主人公产生了共鸣，激发起了强烈的学习愿望。

导课至此，一切豁然开朗，老师已将学生引入对新课的学习之中。会讲课的老师，必然熟知学生心理并知道该如何引导。窦桂梅老师无疑是其中一个优秀的代表。

三、帮助学生树立信心

【案例 3】

《小学数学课程标准》指出：数学教学活动必须建立在学生的认知水平和已有的知识经验基础上。教学中，教师应当根据学生原有的知识状况进行教学，不能无视其已有的知识，否则课堂会陷入一种无味无意的境地。特级教师夏青峰执教的《分数的意义》，上课伊始便问：“今天我们学的内容是‘分数的意义’。关于分数，我们已经知道了什么？”于是学生就开始畅所欲言。简短的一句“我们已经知道了什么？”就是从学生学情出发。它唤起了学生已有的知识回忆，找到了新知与旧知的连接点。

特级教师夏青峰《分数的意义》

师：今天我们学习的内容是五年级学生学习的，你们刚刚三年级结束，有信心学好吗？

生（齐答）：有。

师：今天我们学的内容是“分数的意义”。

（教师随即板书课题）

师：关于分数，我们已经知道了什么？

（教师借用 PPT 演讲稿形式，实物投影，呈现问题）

生 1：分子、分母和分数线。

师：你能举个例子吗？

（教师提问，引出话题）

生 1：把一个苹果平均分成两份，取其中的一份就是 $\frac{1}{2}$。

生 2：我还知道分母表示平均分的份数，分子表示取的份数。

生 3：我还知道分数的大小。比如 $\frac{4}{5} > \frac{2}{5}$。

师：老师也想说一下自己知道的一些知识。

（投影出示四幅图：虽然都表示分数，但是可以看到古代人采用了不同的表示方法。三千多年前，用嘴巴的形状代表分数，后来逐渐演变到现在的分数。教师向学生详细地介绍分数的历史渊源……）

【点评】

这节课一开始，夏老师先让学生跳一跳，摘果子，树立起充足的学习信心。接下来，夏老师引导学生回顾已学的知识并进行讨论。随后，展示有关分数的四幅图片，开始进入分数历史的教学阶段。

教师借助现代多媒体手段向学生介绍分数的由来，适时渗入数学文化思想。导入部分，教师对于知识结构创新性的变革，缘于其全新的课程理念，这使得学生的思维开始了有效的“起跑”。

四、激发学生的学习兴趣

【案例4】

学习兴趣是学习的动力。特级教师于漪说：“课的第一锤要敲在学生心灵上，激发起他们思维的火花，或像磁石一样把学生牢牢地吸引住。”语文课要讲究先声夺人，一个好的导入就是一堂课的“凤头”。用音乐营造氛围就是一种别致而有效的导入方法。例如，特级教师孙双金在讲授《只拣儿童多处行》一课时，播放歌曲《春天在哪里》，师生和着音乐同唱这首歌，引入对春天的寻找、到哪里去寻找春天、冰心奶奶怎么说春天等内容。学生的思维在老师的引导下，一步步走向深入，逐渐进入新课的学习。

特级教师孙双金《只拣儿童多处行》

师：上课之前我请你们听一首歌，会唱就跟着唱，不会唱就跟着哼。

（师放儿歌《春天在哪里》）

师：这首歌的名字叫什么？

生：《春天在哪里》。

师：到了春天，你们想到哪里去找美好的春光呢？

生：我想到公园里去找，因为公园里的花都开了。

师：从花草树木中去找。

生：我想从校园里找。校园里不仅花草树木都开花了，而且同学们又长了一岁。

师：他不仅从花草树木中去找春天，还从同学身上去找春天。

生：我到河边找春天。因为冬天很多小河都结冰了，到了春天，冰都融化了，小鱼都游动起来了，河边的柳树也发芽了。

师：他到河边去找春天，冰雪融化了，春天到来了。

生：我会从同学们的笑脸上找春天。因为在春天，同学们玩得最开心，笑得最好看。

师：非常好，他还能从同学们的笑脸中找到美好的春天。让我们来看看古时候的儿童，他们会到哪去找春天呢？请读一读。

（师出示课件）

生（齐读）：儿童不知春何在，只拣游人多处行。

师：你们读得很准确，如果能够再大声一点儿、自信一点儿就更好了，再来一遍，大声地读。

（生再读一遍）

师：知不知道这两句诗的意思？

生：儿童不理解春天在哪里，只是挑选游人多的地方去。

师：你说得很对。儿童不知道春天在哪里，只知道拣游人多的地方去找春天，他们认为人多的地方肯定是春光最美的地方。这是古时候的儿童，拣游人多的地方去凑热闹。我国当代有一位著名的作家，叫冰心。冰心奶奶在62岁那一年也出去找春天，冰心奶奶到哪儿去找春天呢？

（打出课件）

生（齐读）：游人不解春何在，只拣儿童多处行。

师：冰心奶奶说，我们这些老人不知道春天在哪里，只拣儿童多的地方去找春天。那一次出行给冰心奶奶留下了深刻的印象，回家以后，她以“只拣儿童多处行”为题写了一篇散文。一起读一读题目。

（师板书课题）

（生读题目）

【点评】

语文课堂除了追求美，更应该追求一种平实。教师要实实在在教语文，不搞花架子，不做表面文章；学生也要实实在在学语文，不浮于表层。语文课堂杜绝“走马观花”“蜻蜓点水”。孙老师的教学就非常注重实效性，无论是播放歌曲，还是出示古代诗句，他都能紧紧扣住课文的主题，并着力突出课文所需要解决的重难点问题。即“为什么冰心奶奶只拣儿童多处行呢？”从而使得全课教学目标明确，重难点鲜明。

【案例5】

兴趣是学习动机的源泉。激起学生学习的兴趣，是一节课的关键所在，无论是学习兴趣还是学习动机都会对学习产生巨大的推动作用。因此，在每一节课的开始阶段，教师可以根据教学需要来设计巧妙的导语，以激发学生的学习兴趣，让他们产生强烈的求知欲望。看看钱梦龙老师在讲《死海不死》时是怎样导入新课的。

特级教师钱梦龙《死海不死》

上课了。

讲台上放着一只盛满清水的大烧杯、一支玻璃棒、一把塑料匙子、一碟食盐、一只鸡蛋，同学们好奇地望着讲台，七嘴八舌地议论起来。

有的学生问语文课代表：“这是干什么？上语文课做实验，新鲜！”

有的学生开玩笑地说：“老师想请我们吃鸡蛋吗？才一个，这要给谁吃呢？”

谁也猜不透老师“葫芦”里究竟卖的是什么“药”。

这时，钱梦龙老师在同学们疑惑目光的注视下，把鸡蛋放入大烧杯，鸡蛋一沉到底。

“谁有办法让鸡蛋浮起来？”他向全班同学发问。

“拿个酒精灯或电炉来，把鸡蛋煮熟了，就能浮上来。”一个学生说出了他的想法。

“不。只能使用讲台上现有的物品。”钱梦龙老师为学生限定了范围。同学们的目光不约而同地集中到了大烧杯旁边的那一碟食盐上。好几个学生举手，想要到讲台上来试一试自己的办法。

一个男生走上讲台，先把鸡蛋从大烧杯里取出，然后用匙子将盐舀入大烧杯，拿玻璃棒在大烧杯里搅匀，再投入鸡蛋，可是鸡蛋并没有浮上来。

“多放些食盐。”下面的学生提醒他。

于是这个男生又舀几匙食盐放入大烧杯，这样重复几次，鸡蛋终于浮到了水面上。接着钱老师要他解释一下鸡蛋上浮的原因。这位学生结合初二学过的物理知识，准确地说明了清水加大量食盐后，其密度大于鸡蛋的密度是鸡蛋上浮的原因。

随后，钱梦龙老师让学生猜这堂课要学习的课文，结果同学们一下子就猜中了——《死海不死》。

【点评】

一堂语文课，钱老师却摆了一些实验用品，于是学生的胃口就被吊了起来，你看：有的学生问，有的学生猜，有的学生开玩笑……于是，钱老师登场揭谜。

先是一个实验，让鸡蛋浮起来，“谁有办法让鸡蛋浮起来？”抛出的问题让学生们跃跃欲试。当学生们集思广益地解决了这个问题后，语文课和物理课就联系了起来。

新课程提倡将学科知识贯穿起来，钱老师的这堂课就是在物理学科的基础上，让学生用文学的语言理解了物理知识。真是巧妙而意义深远。

【案例6】

新课程理念强调：学生在教学活动中处于主体地位，教师则应当成为学生学习活动的促进者。为此，教师要把培养学生学习兴趣、学习热情和良好的情感、态度、价值观作为重要的教学目标。大量的教学实践证明，学生的学习兴趣源于教师高质量的教学设计。这里，我们不妨欣赏一下江苏省优秀青年教师张齐华《轴对称图形》一课的精彩导入。

特级教师张齐华《轴对称图形》

师：今天，张老师非常高兴，和咱们碧波小学六（1）班的同学在快吃午饭的时候上这堂课。张老师觉得高兴，同学们，你们觉得高兴吗？（高兴）声音给了张老师不少信心。说实话，张老师一开始也是满怀着期待和高兴的心情，来准备上这堂课的。可是，一走进这会场，张老师却有点高兴不起来了，为什么呢？是因为张老师心里有那么一点小小的担心，谁知道张老师担心的是什么？

生1：你担心我们表现不好。

生2：担心上课时会出错。

生3：我觉得老师会有点紧张。

师：张老师就直说了吧。其实张老师的担心非常简单，只有一个字，张老师最担心的是咱们六（1）班的同学会不会“玩”。

生：会！

师：张老师还真有点不太相信，说实话啊，现在的孩子都不怎么会玩。你们真会玩？

生：会。

师：口说无凭，老师这里有一张白纸（出示一张白纸），如果是你的话，你会怎么玩？

生 1：我会折飞机。

师：会折飞机，挺好！

生 2：我会折青蛙，然后和同学们一起玩。

师：你真调皮、可爱。

生 3：我会把它折成一个一个的小星星，然后许个愿！

师：呀，很有诗意！

生 4：我会把这张纸剪成窗花。

师：看来咱们六（1）班同学还真会玩。想知道张老师怎么玩这张纸吗？

生（齐答）：想！

师：那可就要认真看了。先把这张纸对折，然后从有折痕的地方撕下一块，要认真点撕哦。想玩吗？（想）大家都有机会。

师：每个同学桌上都有一张白纸，不妨这样来玩一玩。开始！

学生先对折，再撕纸。

师：撕的时候可要认真了。撕完了吗？真别说，咱们苏州的小男孩、小女孩还真细致，撕得一个比一个认真，一个比一个小巧。小桥流水嘛。行，谁愿意把自己的作品向大家展示一下？

（三个学生展示作品）

师：同学们仔细看，如果把这些纸看作一个个图形的话，大家觉得这些图形大小怎么样？一样还是不一样？

生：不一样。

师：形状呢？

生：也不一样。

师：但是，你们有没有发现它们的相同之处呀？

生 1：它们的左右两边都相同。

师：有点感觉了吧？它们的左右两边都相同。挺好，请坐！

谁还想深入地说一说？

生2：我认为它们都是轴对称图形。

师：不错，你是怎么知道这个词的？

生2：我从书上看到过。

师：好样的！我把你说的词先写上去，好吗？

（师板书课题：轴对称图形）

【点评】

著名的数学家华罗庚曾说过："就数学本身来说，是壮丽多彩、千姿百态、引人入胜的……"张老师充分利用数学课堂中自然的谈话、有趣的撕纸活动，创设了一个充满活力、魅力无穷的情境，从而激活了学生的思维，一下子把学生的学习积极性调动起来，让他们积极地去体验数学，享受数学。

五、激活学生的思维

【案例7】

苏霍姆林斯基曾说："成功的欢乐是一种巨大的精神力量，它足以促进儿童好好学习的愿望。"学习兴趣是学习活动的主要动力。一节课的开始就像整台戏的序幕，也像是一首优美乐章的序曲。开始的情景创设得好，就会引人入胜，燃起孩子们求知的欲望，取得事半功倍的效果。

王崧舟老师的《小珊迪》以猜想导入法导入新课，即教师讲一个故事，然后提出一个问题让学生猜想，以此激活学生思维而导入新课。导入的故事看似风马牛不相及，其实却是大有深意。中国留学生对诚信的淡漠与小珊迪的恪守诚信形成鲜明的对比。学生们带着"中国留学生缺什么？"这个问题迅速融入课堂学习中。

特级教师王崧舟《小珊迪》

师：这是一个真实的故事。一个在德国留学的中国留学生，在获得博士学位之后决定留德发展。他找了第一家公司，没有成功；找到第二家，人家也拒绝了他……他找了二十五家大公司，都没有获得录用。于是他去了一家小公司。他想，凭我这样的学历和才能，在小公司里干干肯定是不成问题的，但是最终那家小公司也拒绝了他……

同学们想一想，他为什么会被拒绝？

生：因为德国是个排外的国家，他们不喜欢中国人。

生：也许是那个留学生高分低能。

生：可能那些公司的经理认为他没有实际的工作经验。

师：你们的想法也有道理。那个留学生就愤怒地质问那个老板："我一个博士难道在你这个小公司干还不够格吗？你们凭什么这样对待我？"那个老板说："对不起，先生，我们从网上查到你在德国乘公共汽车时曾逃过三次票，一个贪图蝇头小利、不讲诚信的人，怎么可以让人信任呢？"

听了这个故事，你们有什么感受？

生：那个经理为什么不给他一个改正的机会呢？

生：为什么老板对这样的小事斤斤计较呢？

师：那么就让我们去去问问小珊迪，看看他能给我们什么样的答案。

【点评】

对于《小珊迪》这篇课文的教学，由于课文的主旨是告诉学生做人的诚信问题，如果用说教的方式，学生不一定会乐于接受。因为在现实生活中，大人给予他们的说教太多了，于是，王老师巧妙地用一个故事导入了新课。

这个故事的选择也独具慧眼，因为诚信故事比比皆是，而选择一个既与课文的社会背景相似，也要与学生的生活背景相通的故事，则是作为老师应该费心思考的问题。王老师把目光放在一个中国留学生身上，于是，诚信的重要性对于学生来说，就不言自明了。

由此可见，教学的艺术不仅在于传播本领，还在于鼓励、唤醒、鼓舞。上课伊始，学生尚未进入状态。王老师就用一个中国留学生在德国寻找工作而碰壁的真实故事来引导学生究其原因。学生兴味盎然，踊跃猜想，但王老师并不急于告诉学生答案，而是引导他们读课文，从文中寻求正确的答案。这样的导入可谓轻轻松松、水到渠成，学生在王老师的指引下自然地跨入语文学习的殿堂。

【案例8】

课题是课文的窗户，从课题常常可以窥视全文的奥秘。教师从解释课题词语、引发题意入手，不但有助于学生领会题意，了解所学内容的概况，而且为学生进入新课打下基础。读题导入法通过学生反复诵读课题，读出语感后，再将关键词替换为与之意思相反的词语，然后继续诵读，去体会它们的差别，进而产生自己的感悟，以此引入新课。特级教师薛法根讲授的《我应该感到自豪才对》一课，就精彩地展示了读题导入法的教学魅力。

特级教师薛法根《我应该感到自豪才对》

师：大家一起来念课题。

（生念）

师：好，能快点吗？

（生再念）

师：谁感到自豪，读的时候哪个字应该重读？

生：我应该感到自豪才对！（生把“我”重读了）

师：我应该感到怎样才对？

生：我应该感到自豪才对！（生把“自豪”重读了）

师：我感到自豪对不对呀？

生：我应该感到自豪才对！（生把“对”重读了）

师：把“自豪”换个词，意思不变，要怎么改？

生：骄傲！

师：“自豪”的反义词谁知道？

生：自卑。

师：你怎么知道的？

生：刚才上课前您说过了。

（在课前师生交流调侃中老师说过自己自卑）

师：很好，学语文就要学会倾听。

师：把“自卑”换进去怎么读？

生：我应该感到不自卑才对！

生：我不应该感到自卑才对！

生：我应该不感到自卑才对！

生：我应该感到自卑不对！

师：非常好，你们这样说都是对的。同一个句子，在不同的语言环境中，说法、读法就不一样。我们的语言多么博大精深！看来，我们得好好学学这篇课文。

【点评】

薛老师从简单的生字的读音入手，分析生字的音和义，让学生体会到在不同的语言环境中，不同的读法可以传达出说话人不同的心声，而由读又引到了听。至此，语文学习的两个重点：多读、多听都自然地表达了出来。

薛老师提出的这些问题看似容易，好像是对一群三岁小孩进行提问，但实际上，这些容易的问题却能起到巩固知识的作用。仔细审视，又能发现他的提问是一种一石二鸟的做法，既能把学生的思维引入新课教学中，又能对学生的“双基”知识进行夯实。

【案例9】

课堂教学是一门艺术，而课堂导入更是艺术中的艺术。《教育心理学》指出：“好的导语像磁石，能把学生分散的思维一下子聚拢起来；好的导语又是思想的电光火石，能给学生以启迪，提高整个智力活动的积极性。”那么，如何进行数学课堂的新课导入呢？我们一起来看看特级教师李烈的导入技巧。

特级教师李烈《两位数乘两位数》

（看见校长来到自己班讲课，同学们自然是兴奋不已）

师：你们的面部表情告诉我，你们特别高兴。我很感动，也很高兴。现在，我想说的是咱们要一起学习、一起研究、一起讨论，可不是你们坐在那里听我讲。咱们实验二小学生的特点，绝对不只是带着耳朵、眼睛来的，咱们更重要的是带着脑子和嘴巴，所以今天咱们一起讨论，好不好？希望这节课上完之后，你们说的话要比我说的话多，如果你们让我说的话多了，那你们就吃了大亏了，时间都让我给占了嘛！每个人都要争取发言的机会，好不好？

生（劲头十足，齐声说）：好！

师：口算，大家应该没有问题吧，看谁反应快。咱们一起看这里。（投影，两题一组）

生：21×3=63；21×30=630

师：我把它们放在一起，你们要看看它们之间有什么联系，算完以后要琢磨。

生：下面数是上面数的10倍。

师：好！继续。

生：34 × 2=68；34 × 20=680；41 × 5=205；41 × 50=2050；15 × 2=30；15 × 10=300

（稍后有学生纠正：15 × 10=150）

师：啊——

（更多的学生反应了过来）

师：这两个算式有前面的关系吗？

生：没有了。

师（微笑着说）：是不是受前面的题影响了？其实，发生变化了。是你出题还是我出题呀？

（学生一下子笑了起来）

师：刚才，我们说 15 × 2 和 15 × 10 没有上面的关系，那你们看看，这两个算式和 15 × 12 有关系吗？发现了什么，可以相互讨论一下。

（学生进行小组讨论，大家有序发言，轻声入耳）

师：真是训练有素，同学们讨论得很热烈！

（李校长并没有让学生汇报。接着，她投影了教材上的书架图）

【点评】

李校长简短的开头语，初听是客套话，细思却有意蕴：拉近了师生之间的心理距离，营造了平等对话的氛围，同时也指导了学习方法。

口算基础训练，全员参与，集体热身。老师故意设置“陷阱”，让学生进一步集中了注意力，激活了思维。后面的口算不再是“脱口而出”，多了几分“深沉”和“谨慎”。美丽的错误再次验证了李校长提出的“课堂学习无差错原则”。

六、让学生自主学习、积极思考

【案例 10】

每一个听完特级教师支玉恒《拥你入怀》新课精彩导入部分的人，都一定会陶醉其中。陶醉在支老师充分调动学生积极性的高超能力之中，陶醉在学生踊跃参与课堂讨论的热烈氛围之中，陶醉在播放的感人故事之中。

下面，就让我们来领略一下支老师课堂的魅力。

特级教师支玉恒《拥你入怀》

师：同学们，这么多老师听课，你们紧不紧张？

生：不紧张。

师：现在我想知道，同学们谁的胆子最大？

（生无人举手，过了一会儿，一个女生举起了手）

师：我写一个字给大家认。你们是希望认一个难点儿的字还是简单一点儿的字？

生 1：都可以。

师（板书“人”字）：请说说你对这个字的理解。

生 2：“人”是互相支撑着的，所以，每个人都要互相帮助。

生 3：“人”看起来很简单，但有很多不同的含义。

师：想听一个关于“人”的故事吗？我现在播放给大家听。

（故事非常感人，朗读者朗读得极为深情，课堂的气氛因为这深情的朗读而变得十分沉静。同时，由于故事感人至深，很多听课老师情不自禁地流下了眼泪）

师：听完了故事，我的心情很沉重，你们有什么想说的？

生 4：母亲扛起了生活的重担。

生 5：亲情很温暖。

生 6：孩子可以打动任何人的心。

生 7：母爱是最伟大的。

师：能给这篇文章加一个标题吗？

生 8：《生命的价值》。

生 9：《爱的力量》。

生 10：《爱的顶点就是母亲的泪珠》。

生 11：《爱让生命坚强》。

生 12：《背后的支持》。

生 13：《爱是生命的结晶》。

生 14：《打开爱的窗户，放飞爱的希望》。

生 15：《用泪珠呼唤生命》。

师：想知道原来的标题吗？

（师板书“拥”，并请同学组词；板书“拥你入怀”）

【点评】

支老师不愧为经验丰富的特级教师。上课伊始，他并不急于开门见山，直奔主题，而是“煞有介事”地问“谁的胆子最大”，这个问题看似与本课毫无关联，实际上支老师是在为学生减压，营造宽松的学习环境。学生已经放松了，他还不急于引入正题，而是写了个“人”字让学生讨论，这样就在轻松愉悦的氛围中流畅地过渡到正题。

一切都在支老师的掌控之中，播放感人至深的故事，众人因感动而流泪，这正是支老师想要的。故事在恰当的时候播放出来，取得了极好的效果，充分展现出支老师对课堂纯熟的驾驭能力。

他趁热打铁，进一步激发了学生讨论的热情，让学生给故事加标题。而关于这个标题的讨论，使学生对故事主题的理解得到进一步的加深，情感上产生了极大的共鸣，而他也在学生的完全投入中自然而然地为学生揭开谜底，从而很容易地引入新课的学习。

【案例 11】

《语文新课程标准》上说："学生是语文学习的主人，老师是学习活动的组织者和引导者。"导入是一堂课的首要环节，是课堂教学的重要组成部分。所以，在导入环节，作为学习主体的学生绝不应该是旁观者，而应是导入环节的参与者。学生参与新课导入活动的最好形式就是师生对话。

对话式的导入方法，于漪老师用得很好。比如她讲《晋祠》时，开始她自己并不说什么，而是让学生说自己知道的名胜古迹，一番讨论过后，全班学生都进入了主动学习的状态，然后再由学生的谈话，找到引入课文的"切入点"。

特级教师于漪《晋祠》

师：我们伟大的祖国历史悠久，山川锦绣，名胜古迹星罗棋布，在世界上可以说是——

生（部分）：首屈一指。

师（竖起拇指）：首屈一指。现在请每位同学说一处你所知道的名胜古迹，要求：一要说清楚，二要注意速度。我就不一个一个叫名字了，请挨着次序讲下去。你先说（示意第一排一位学生）。

生 1：故宫。

生 2：青岛八大关。

生 3：从化温泉。

生 4：山西云冈石窟。

生 5：西安的大雁塔。

生 6：杭州的西湖。

生 7：长城。

生 8：甘肃的酒泉。

生 9：善卷洞。

师：在什么地方？

生 9：宜兴。

生 10：福建厦门的鼓浪屿。

生 11：南翔古猗园。

生 12：北京的颐和园。

生 13：普陀山的寺庙。

生 14：西藏的布达拉宫。

师：好，讲得很好。

生 15：河北省的赵州桥。

师：河北省的赵州桥在我们哪篇课文中提到过？

生（部分）：课文《中国石拱桥》。

师：对。

生 16：太湖。

生 17：西安的大雁塔。

师：重复了。

生 18：陕西的兵马俑。

生 19：安徽滁县的醉翁亭。

师：醉翁亭，我们这学期要学《醉翁亭记》。

生 20：承德的避暑山庄。

生 21：湖南省岳阳市的岳阳楼。

师：岳阳楼，我们这学期还要学《岳阳楼记》。

生 22：甲天下的桂林山水。

生 23：庐山的大天池。

生 24：洛阳的白马寺。

生25：雁荡山。

师：在什么省？

生25：浙江省。

生26：广西容县古经略台真武阁。

生27：河北省保定市的古莲池。

生28：广东肇庆星湖。

生29：广西阳朔。

生30：庐山的花径。

生31：中岳嵩山。

师：中岳嵩山，你还能够说出其他的几个“岳”吗？

生31：能。西岳华山、东岳泰山、北岳恒山、南岳衡山。

师：对不对？

生（部分）：对！

师：记得很熟，非常好。

生32：四川的乐山大佛。

师：刚才我们花了不到三分钟的时间，把自己熟悉的名胜古迹交流了一下，已经是巍巍乎壮哉了！我们祖国到处都有名胜古迹，真是美不胜收。那么我们祖国究竟有多少名胜古迹呢？我给你们介绍一本书，（出示书）大家看：《中国名胜词典》。这本书里介绍的都是我国的名胜古迹，我们今天要学的《晋祠》，这里面也有介绍。“晋祠”，你们学过地理，“晋”是指什么地方？

生（部分）：山西省。

师：因此，我们查这本词典的时候，在山西省部分可以查到。“晋祠”在这本词典的127页（翻到127页），山西省太原市下的第一个条目就是“晋祠”（出示给学生看）。我们听写一下。为了节约时间，把“晋祠”修建的时间以及后来重建的时间略去。

现在请同学们把笔记本拿出来听写。

【点评】

一般来说，说明文的教学通常会显得相对枯燥些，但于漪老师上《晋祠》一课，导入课文时设计了两个环节。用这两个环节，让学生在浓厚的兴趣中了解和学习课文内容。

第一个环节是教师引导。于老师先抛出一个问题：请同学们说出自己知道的名胜古迹。于是，学生们畅所欲言。他们纷纷将自己知道的名胜古迹说了出来，在这个过程中于老师不时穿插进自己的问题，引导学生将名胜古迹的地点交代清楚。

第二个环节是到全场气氛渐趋热烈时，于老师便信手拿起准备好的《中国名胜词典》，听写词典中“晋祠”的条目内容，巧妙而又自然地把学生的学习激情转移到完成教学任务的轨道上。

看似离题，实则自然，这就是一种张弛有度、收放自如的驾驭课堂的能力。

【案例 12】

建构主义学习理论认为：学习是学生主动的建构活动，学习应与一定的情境相联系。在实际情境中进行学习，可以使学生利用原有的知识和经验同化当前要学习的新知识。这样获取的知识，不但便于保存，而且容易迁移到新的问题情境中去。由此可见，良好的教学情境的创设，能激发学生的学习兴趣，并为学生提供良好的学习环境。而钱守旺老师《长方形和正方形面积的计算》教学的导入，根据当时讲课的地点和场地情况，选取了“桂林山水”作为教学的切入点。桂林山水的美景，再加上钱老师富有感情的描述，一下子将学生参与学习的积极性调动起来，同时也激发起学生对家乡的热爱与自豪。三幅画的教学道具，在这里起到了“承上启下，穿针引线”的作用。

特级教师钱守旺《长方形和正方形面积的计算》

师：人们都说“桂林山水甲天下”，这话一点都不假！这次钱老师到桂林来，亲眼看到了桂林的山、桂林的水，我看比文人描写的还要美！你们看，钱老师一到桂林，就迫不及待地在象鼻山照了一张相。

（师出示自己前一天在象鼻山拍的照片）

（在大屏幕上播放六张桂林山水的图片，一边播放，一边富有感情地描述）

师：你们看，桂林的山加上桂林的水，再加上水中那静静的倒影，简直就是大自然创作的一幅幅精美的图画。

（生欣赏老师出示的几幅桂林山水的图片，被老师富有感情的描述所吸引，个个脸上都露出自豪的表情）

师：桂林的美景激发起了钱老师创作的欲望，老师也创作了三幅画。你们看老师画得怎么样？

（出示第一幅面积是6平方分米的画）

生（齐声）：很好！

师：谢谢同学们的夸奖！既然今天是数学课，那老师就提个数学问题。你们大胆地估计一下，这幅画的面积可能是多少？

生1：我认为可能是4平方分米。

生2：我认为可能是8平方分米。

生3：我认为可能是6平方分米。

师：到底是多少平方分米呢？

（把这幅画的背面展示给学生，画的背面画有面积是1平方分米的小方格）

师：每个小方格的面积是1平方分米，你们数一数，这幅画的面积是多少？

生：6平方分米。

（师接着出示面积是12平方分米和20平方分米的画，让学生估计每幅画的面积）

师：同学们看，刚才三幅画的面积，有的大，有的小，凭你们的经验，请大胆地猜测一下，长方形的面积可能与它的什么有关系？

生1：我认为长方形的面积和它的宽有关系。

生2：我认为长方形的面积和它的长有关系。

生3：我认为长方形的面积和它的周长有关系。

学生回答后，老师结合课件的动态演示，让学生确信长方形面积的大小与它的长和宽有关系。

教师结合课件演示，启发学生思考：长方形的宽不变，长发生变化，它的面积怎么变化？长方形的长不变，宽发生变化，它的面积怎么变化？长方形的长和宽都发生变化，它的面积怎么变化？

教师在大屏幕上出示：长方形的面积与它的长和宽有关系。

【点评】

数学课堂竟然能与灵秀的桂林山水联系起来，这就是钱老师的课堂。在这节数学课的导入部分，钱老师先展示出自己的一张照片，然后展示出自己绘制的三幅画。于是，学生在欣赏画的同时，对老师也产生了钦佩之情，问题就与生活顺理成章地联系了起来：估一估画的面积。

在估计面积的过程中，学生们开始快速地转动大脑，思考长方形的面积与哪些因素有关。本节的学习重点就被巧妙地引了出来。

这样一个特殊的情境其实就是教师结合教学内容和现场实际而精心设计的一个“细节”，表面上看似信手拈来，即兴所得，而实质上却是匠心独运，刻意为之。心理学研究表明：学习内容和学生的生活背景越接近，学生自觉接纳的程度就越高。钱老师合理开发利用了学生身边的教学资源，创设了学生感兴趣的情境，让学生在这个情境中入境、生情，不仅为悟道做了充足的准备，更体现出教师对学生情感、态度、价值观的关注。

七、设置悬念，引人入胜

【案例13】

从整体地感知再到具体地品味，这是小学语文阅读教学的一般程序要求。解释文题就是一种整体感知课文内容的好方法。但在设计运用释题导课时，应该对课题进行具体的分析。只有那些能通过释题来引起学生注意和发人深思的，才适合采用释题的方法进行导课。那些课题与内容关系显明，无须解释学生即可理解的，就不必画蛇添足了。靳家彦老师的释题方法特别富有新意，一起来看一下。

特级教师靳家彦《有这样一个小村庄》

（师板书填空式课题：有____一个小村庄）

师：我把题目写好了，大家有什么意见吗？

生：您少写了“这样”两个字。

（师补足，生齐读课题）

师：读了这个题目，你会想到什么呢？

生：读了课题“有这样一个小村庄”，看到“这样”两个字我就很想知道这个小村庄究竟是怎样的。

（师请三位学生说自己的联想）

师：我们读课文往往可以通过读题目来推断课文内容。“这样”，究竟是“怎样”呢？我们带着这样的问题完成学习的第一个目标，请同学们打开书认真地、反复地读，然后说说有怎样的一个小村庄。

（学生带着问题认真读书，师巡视辅导，并集体订正“咆哮”“屏障”等词语的读音，师范读课文，读后提问）

师：有怎样的一个小村庄呢？谁说说？

生：有一个小村庄原来是“很像样的”，特别是村后的小山，上面的树木长得郁郁葱葱的。可是，由于村民们都用锋利的斧头随意地砍树造房、造犁、烧火，所以很多年后一场洪水袭来，把村子一下就吞没了，所有东西都被卷走了。

师：说得很好。这个村庄过去是很像样的、很美丽的、很富庶的。可是，到头来一场洪水把一切东西都卷走了。此时，你们的脑子里会产生什么样的疑问呢？

生：我想知道为什么这个小村庄原来很像样，可到头来什么都没有了。

师：是的，这究竟是为什么呢？（边说边在黑板上方画上一个大大的“？”）这节课我们就要集中精力解决这个大问号。现在我们再看课文，大家先朗读第一自然段。

【点评】

上述教学片段中，靳老师先采用填空式板题法，让学生加深对代词“这样”的识记，然后再由“这样”形成悬念——“这样”究竟是“怎样”？由无疑促使学生生疑，由课文题目而推断课文内容，再带着这样的推想去读书，以求概知课文基本内容，这是整体感知课文内容的第一步。

在学生反复读以及老师示范读的基础上，再让同学们说“这是怎样的一个小村庄”，这又进一步让学生从整体上感知课文内容，在阅读教学“整体——部分——整体”的流程中，教者对前一“整体”的教学设计是非常巧妙的。

为什么原来“很像样”的村庄到头来却“什么也没有了”呢？教者有意识地板书一个大大的问号，让同学们带着这个问题自然地进入“部分”的学习之中，这“整体”与“部分”之间的衔接和转换是非常自然的。整体感知课文内容就为下面“部分”地品味语言和理解具体内容做好铺垫。

【案例 14】

导入是课堂上要走好的第一步，也是关键的一步，它是气氛的调和剂，是整堂课情绪感染的开始。导入应以学生为主，因时而变，因势而改，因文而生，把课堂导入变成展示学生多方面才艺的舞台，这样才能真正体现语文新课程标准的精神理念，让学生真正成为课堂的主人。一起来欣赏特级教师陈世锦导入《狼和鹿》的精彩教学片段。

特级教师陈世锦《狼和鹿》

（大屏幕出示“狼”的图片）

师：认识这位朋友吗？说说你对它的了解。

生 1：这是一只狼，长得有点像狗，是十分凶猛的动物。它的牙齿十分锋利。

生 2：从小爸爸妈妈就跟我讲大灰狼的故事，我不喜欢狼！

生 3：看到狼，我有点害怕。狼会吃小兔子、小鹿。我听大人们说甚至会吃小孩子。

师：看起来，“狼”这位朋友好像不受同学们的欢迎啊！接下来，再让我们认识认识另一位朋友吧。

（大屏幕出示“鹿”的图片，学生兴奋起来）

生 4：鹿是一种非常可爱的动物，它很温驯。我在动物园里见过它。

生 5：鹿喜欢吃青草和树叶，喜欢群居，鹿的种类很多，雄鹿的头上有角，很漂亮的！

生6：我知道画面中的这只鹿是梅花鹿，它的毛是棕黄色的，身上有像梅花一样的白色斑点，所以叫“梅花鹿”。

师：现在，老师把“狼”和“鹿”这两种动物放在一起，你觉得在它们之间可以加个什么字，来表示它们的关系呢？

（师板书：狼？鹿）

生7：我会加“吃”字，因为狼一见到鹿就会把它吃掉。

生8：我想加个“咬”字，狼见到鹿，一定会扑上去咬住鹿的。

生9：我觉得也可以加个“抓”字。狼见到鹿肯定会抓住鹿，把它作为自己的一顿美餐。

师：是呀，鹿是温驯弱小的，把它和凶猛可怕的狼放在一起，结局就可能是大家刚刚想象到的种种情景。

假如老师在它们之间加上个“和”字，这会引起你的哪些思考呢？

（师红粉笔板书“和”）

生10：狼和鹿之间究竟会发生怎样的事情呢？是狼把鹿吃了，还是鹿智斗狼呢？

生11：狼和鹿之间发生的一定是一场悲剧。凶残的狼一定会把可怜的鹿吃了。

生12：狼和鹿之间会发生一个童话故事吗？它们会不会友好相处呢？

生13：狼和鹿之间一定发生了一件大事。也许一位猎人出现了，他开枪打死了狼救了鹿。

师：咱们班的同学真是聪明，由“狼和鹿”这三个字引发了这么多的思考！那么在狼和鹿之间究竟发生了什么故事呢？今天，我们就来阅读一个有关狼和鹿的故事。

【点评】

学生们一般都喜欢听故事，但如果只是简单地进入故事的环节，学生们对课文的学习就仅限于学习故事，对故事主旨的理解就被忽视了。

陈老师在讲授《狼和鹿》这节课时，就很好地解决了这个问题。他先是展示两幅图片，一幅是狼，一幅是鹿，让学生们想一想这两个动物之间的关系，谈一谈自己对这两种动物的印象和看法。于是，“狼”和“鹿”这两种动物变得形象鲜明起来。

八、饱含哲理、富有创意

【案例15】

苏霍姆林斯基说：“如果教师不想办法使学生产生情绪高昂和智力振奋的内心状态，就急于传授知识，那么，这种知识只能使人产生冷漠的态度，而给不动感情的脑力劳动带来疲劳。”积极的思维活动是课堂教学成功的关键，教师是否能有效地引起学生对新知识、新内容的热烈探求，取决于在上课伊始能否运用启发性教学来激发学生的思维活动。高尔基在谈到他的创作经历时也曾说过这样的话：“最难的开始，就是第一句话。如同在音乐上一样，全曲的声调，都是它给予的。”其实，课堂教学的导入也同样必须有“未成曲调先有情”的韵致。让我们来看看孙建锋老师的独家创意。

特级教师孙建锋《做一片美的叶子》

师（走到学生面前）：亲爱的同学们，你们的一张张笑脸、一双双明亮的眼睛，让我仿佛感受到浙江义乌的山水之美。同学们，听清楚了吗？刚才主持人老师介绍了，站在你们面前的这位老师叫什么名字？

生：孙——建——锋。

师：在这么多老师面前喊一位老师的名字，你们心里有什么体会吗？

生1：非常激动。

生2：非常开心。

师：为什么呢？

生3：因为您是全国名师，您能为我们上课，我们倍感荣幸。

师：噢，好孩子，真不错，一番话说得我心里暖烘烘的。孩子们，我想了解一下，你们除了上课学习以外，课外时间有什么兴趣爱好？

生4：我喜欢英语。

生5：我喜欢唱歌。

生6：我喜欢书法、画画和舞蹈。

师：你真是个全才。我听到了，你的兴趣爱好里面有画画。（从讲台上取过一盒彩色粉笔）你看，这里有各种颜色的粉笔，你喜欢哪一支就拿哪一支，下面喜欢画画的同学也可以上来拿。

（许多同学上台并挑选不同颜色的粉笔）

师：现在你们开始用粉笔在黑板上现场作画，就画一片你心目中的叶子吧！

（台上学生兴致盎然地作画，台下学生安静地欣赏）

师（极富诗意地为学生作画配上独白）：一只只灵巧的小手，在黑板上自由地“舞蹈”，一个个“舞蹈造型”——一片片叶子布满黑板，这难道仅仅是在展现一片片叶子？不，这是一扇扇心门在洞开，这是一颗颗心灵在舒展，这是一朵朵心花在怒放！每一片叶子都很美，让我们“做一片美的叶子”吧！

师：《做一片美的叶子》是一篇充满智慧的散文。读了以后，它会让你见以前所未见，闻以前所未闻，思以前所未思，得以前所未得；它会让你豁然开朗、恍然大悟、怦然心动。它很有营养，绝对胜过任何补品！想不想好好读一读？

生（齐答）：想！

（学生陆续画完了，回座）

师（引导学生一起凝望画满叶子的黑板，深情地）：树叶画得都非常美，让我们做一片美的叶子！同学们，请伸出你们的手，跟孙老师一起书写课题。眼亮心就亮，眼明手就快！

（师板书课题，学生在座位上跟写。写到“片”字时，教师提醒学生第一笔“丿”后，第二笔应是“丨”，而“一”则是第三笔）

…………

【点评】

孙老师以对学生的夸赞导入新课，如“你真是个全才”，引导学生在自由表达自己爱好的基础上，将说、画、写融为一体，自然导入新课，可谓行云流水，浑然天成。在学生绘画的过程中，用自己诗意的语言给学生美的享受，带学生进入即将要学习的新课——《做一片美的叶子》。总之，这种导入让学生在美的熏陶中进入语文的天地里，自然而然地对语言产生热爱之情，对语文的学习欲望就被充分激发出来了。

【案例16】

“转变学习方式就是要把学习过程中的发现、探究、研究等认识活动凸显出来。在数学教学实践中，要善于教给学生思维的主动权，让学生在教师精心设计的问题情景中积极地观察、思考、探究、创造，真正参与到一个生动活泼的、主动的、富有个性的数学学习活动中。”特级教师黄爱华是这样说的，也是这样做的。

在执教《万以内数的大小比较》时，黄老师竟然用多媒体课件出示一张登山的生活照片来进行课堂导入。一起来欣赏黄老师的开场白吧。

特级教师黄爱华《万以内数的大小比较》

（多媒体课件出示一张登山的生活照片）

师：大家知道照片上的人是谁吗？

生：黄老师。

师：对，暑假我和同事们一起出去旅游了。你们能看出我在什么地方吗？

生1：在一座山上。

生2：感觉这座山不一般。

师：是的，这座山海拔两千多米，在国内非常有名。能猜出来是什么山吗？

教室里一下热闹起来，同学们纷纷开始猜测。

师：黄老师给出一个提示：它是我国“五岳”之一，请你们猜猜可能是什么山？

（大屏幕上依次出示：东岳泰山1545米，南岳衡山1300米，西岳华山2155米，北岳恒山2016米，中岳嵩山1492米。）

生3：可能是恒山。

生4：也有可能是华山。

生5：不可能是泰山、衡山、嵩山。

师：为什么？

生6：因为老师告诉我们这座山有两千多米高，而泰山、衡山、嵩山都没有两千米呢！

师：我再给你们一个提示：它是“五岳”中最高的山。

（师在大屏幕上出示一张自己站在由金庸题词的“华山论剑”

石碑旁的照片）

生（兴奋地齐说）：华山！

师：很好，是华山。刚才我们讨论了山的海拔，其实生活中还有许多数也可以拿来做比较。今天我们就来学习“数的大小比较”。（板书课题：数的大小比较）

师：这里说的数是指几位数？

生7：是指四位数。

师：四位数也可以说是万以内的数。

师：数学课上玩游戏，同学们可别忘了思考问题哦！

师：看了这个课题，你想解决些什么问题？或者说你想学会些什么？

生8：我想知道比较数的方法。

生9：我想知道该怎么比。

师：这两个同学的回答给了我启发：1. 比较数的方法；2. 怎么样比简便；3. 对生活中的数进行比较。

【点评】

心理学研究表明，当学习材料与学生的生活经验相联系时，学生对学习最感兴趣，会觉得内容亲切，易于接受与理解。黄老师一开始出示照片时，让人忍不住在心里猜想：数学课上用照片是何用意？等他让学生猜测山的高度时，学生一下子就明白黄老师是醉翁之意不在酒，照片的背后还有有趣的数学问题呢！他一方面根据教材内容，适时渗透与数学相关的文化常识，考考学生对于“五岳”是否了解；另一方面，为了揭示本课的主题，由山的高度，引发学生对于数的大小比较的现实需要，激发学生积极的思维动机。几张小小的照片展示了教师的教育智慧，真可谓一箭双雕！

第二章

课堂提问，贵在启发

法国教育家爱德华·德·波诺认为："教育就是教人思维。"启发学生的思维是教师教学启发艺术的主旋律，也是教师教学艺术的核心。因此，要想提高教学质量，就要善于运用"启发式"教学，激发学生的求知欲和学习兴趣。

正所谓"教学有法，教无定法，贵在得法"，名师们的教学启发艺术有很多，也都各有特色，我们在教学中如何选择合适的教学启发艺术，使其更好地发挥作用呢?

俗话说："授人以鱼，不如授人以渔。"教师在课堂教学中要教会学生思维，即把如何思维的方法授予学生。只有让学生真正掌握了科学的思维方法，启发思维才不是一句空话。思维方法可以使学生更有效地理解、巩固和运用所学的知识，提高其主动学习的能力。

学习名师们的教学启发艺术，不但可以获得精神力量，让自己充满激情，情绪饱满地走上讲台；而且能使学生自始至终地集中注意力，使我们的课堂教学呈现一片蓬勃的生气。

一、强化学生的主体意识

【案例 17】

现代课堂教学应该确立"以学生为本"的课程理念，强化学生的主体意识，发扬学生的主体精神，促进学生的自主发展。在这样的课堂中，教师是组织者、启发者和引导者，学生的自主发展离不开教师的循循善诱和因势利导。而这一切，在很大程度上都要取决于教师课堂启发语的艺术和魅力。这里所说的启发语，是指教师与学生之间一种富有意义的对话，是教师在组织学生有效开展学习活动时所采用的引导、启发和点拨的语言。全国著名特级教师于永正的课堂教学启发语看似漫不经心，信手拈来，实则精雕细琢，尽显教学功力。我们一起来欣赏于老师执教的《圆明园的毁灭》的教学片段。

特级教师于永正《圆明园的毁灭》

（教师引导同学们思考：为什么读这一段会掺杂着这么多复杂的情感？于是，同学们纷纷站起来发表自己的感悟和体会）

生 1：圆明园里有我们中国这么多的奇珍异宝，却被英法联军无情地掠夺和毁坏了。因此，我们很难过，也很憎恨他们。

生 2：我觉得还有一个很重要的原因，他们犯下了滔天的罪行，却还要把罪证销毁。而腐败无能的清政府眼睁睁地看着这一切却无能为力，这真让人难受。

师：一恨英法联军的强盗行径，二恨清政府的腐败无能。还有其他原因吗？

生 3：中国的圆明园是一座规模巨大的园林，而且它历时 150 年才建造完成。英法联军一把火就把它给毁灭了，我认为这非常可恨。

（教师概述同学们的发言，然后接着学习二、三、四自然段）

师：好，回过头来再读二、三、四自然段。请同学们注意，读书要善于抓要点，要把一段话读成一句话，把一本厚书读成一本薄书，这是一种很重要的学习方法。

（生默读。读完一遍后，教师要求再读两遍三遍，并提示学生边读边进行点、画、批、注，用笔做记号留下自己的思考。自己阅读和批注后再与同学相互交流）

师：读书要读得进去，还要能跳得出来。谁能把二、三、四自然段用一句话概括出来？

生1：圆明园是一座举世闻名的皇家园林，它宏伟、壮观，真不愧是万园之园。

生2：圆明园不仅是一座举世闻名的皇家园林，还收藏着最珍贵的历史文物。

师：意思都有了。谁还能说得更简洁一些？

（还有两位同学也说了意思相近的更简洁的话。）

师：我从同学们的发言中可以知道，最主要的有两层意思：第一，它是一座宏伟的建筑物；第二，它是一座历史博物馆，里面收藏着许多珍贵的文物。同学们越说越简洁了。如果你真的会读书，除了能把厚书读成薄书，把一段话读成一句话外，还可以把短文读成长文，把薄书读成厚书。请大家朗读二、三、四自然段。特别是第三自然段，你要读得慢些，一边读一边想象里边写了许多我们杭州、苏州的景物，你们见过杭州的雷峰塔、平湖秋月。你们由此可以想象到圆明园是何等美丽！何等宏伟！何等壮观！大家一边读一边展开自己丰富的想象。

师：好。告诉我，在你们的想象当中圆明园美不美？

生：美。

师：如果圆明园现在还完好无损地保存着，里面的奇珍异宝还在，你会以什么样的心情，什么样的语气去读第四自然段呢？大家试着读一下。

（师请两生有感情地朗读。）

师：可惜，这样的奇珍异宝被英法联军掠夺走了，圆明园也被一把火烧掉了。记住我们的国耻！记住中华民族的奇耻大辱！记住1860年10月6日这一天！读——

生（齐读）："1860年10月6日，英法联军进入北京，闯进圆明园……"

【点评】

于老师根据概括与扩展的辩证关系，首先引导同学们“要善于抓要点，要把一段话读成一句话，把一本厚书读成一本薄书”。通过阅读与思考，同学们用一句话把二、三、四自然段概括了出来。这由厚到薄、由繁到简的过程其实就是概括意义的过程，这一过程不是在烦琐冗长的分析讲解中进行的，而是在同学们静默的读书思考中完成的。之后，教师又引导同学们“把短文读成长文，把薄书读成厚书”，即又由薄到厚、由简到繁，展开自己丰富的想象，透过语言文字呈现丰富的内心视像。在这厚与薄的来回、抽象与具象的往复中，同学们自然地掌握了两种不同的读书方法，他们的概括能力和想象能力也就自然生成。这样的教学设计的确是精妙且成功的。

二、唤醒学生的思维

【案例18】

作文课一直是语文教学中的难点，许多教师为此发愁。而特级教师赵景瑞的作文课却是另一番景象：孩子们在笑声中思考，在轻松中表达，在体验中明理，在交流中提高。一直令教师为难、令学生畏惧的作文课，为什么被赵老师上得如此轻松、幽默，又如此深邃、严谨？他到底有何种“魔力”，能引领着孩子们随他一起兴致盎然地畅游“作文王国”呢？让我们一起走进赵老师“作文亲子培训班”的作文课，感受他那颇具特色的教学风格。

特级教师赵景瑞《空气》

师：现在，我们要练习写一个片段，题目是“空气”。

（生神态：面露难色，面面相觑）

师：是不是觉得有点困难？空气看不见，摸不着，怎么写呀？

（生频频点头，不知从何处下手，有些着急）

师：你能从别的事物中看到空气吗？

（生茅塞顿开，跃跃欲试，纷纷举起手想要回答）

师：别急，你们先自己想一想，给家长演一演，一会儿请同学上台表演，要让我们知道空气在哪儿哟。

（生和家长一起思考、表演，十分投入）

师：谁愿意通过你的表演让同学发现空气藏在哪儿？其他同学认真观察，一会儿选一个写下来。

学生代表六人到台前依次表演。

（生 1 鼓起两腮空气藏在嘴里，用手使劲一拍，“噗”的一声，两腮恢复正常）

师：空气溜走了。（同学们大笑起来）

（生 2 左手拿着一个塑料袋，打开袋口在空中使劲一兜，然后赶紧用手攥紧袋口，塑料袋已胀得鼓鼓的）

（生 3 手拿一张小纸条，鼓起劲来一吹，小纸条立即抖动起来）

师：刚才同学们都找到了身边的空气，那么别的地方还有吗？你找得到吗？

（短暂的沉默之后，一双双手高高举起）

生 4：空气在蓝蓝的天空里。

生 5：北京刮起的春风，就是空气在流动。

生 6：海里游动的鱼儿吐出的水泡是空气。

生 7：绿油油的、茂盛的树叶上产生空气。

…………

师：如果现在你再来写空气，能写了吗？别急，先回忆一下刚才你是怎么做的，观察到了什么，想到了什么，再认真地写下来。

（生认真写作，思维流畅）

师：你愿意分享你的作文，和我们一起交流吗?

（现场指导，师生、生生在平等、热烈的氛围中交流）

生2：我拿着一个塑料袋，打开袋口使劲吹气，赶快一兜，然后赶紧用手攥紧袋口，塑料袋里已胀得鼓鼓囊囊的，里面都是空气。我一松袋口，一股气流冲出，袋子也没那么鼓了，这是空气溜出来了……

师：写得好！你是通过什么东西看到空气的呢?

生2：是通过塑料袋看到空气的。

师：噢！是通过别的事物写空气的，用看得见的显现看不见的。

师：我再问问你，你为什么要先吹气再放气呢?

生2：如果不吹、不放，空气不流动，就看不到了。

师：是呀！你真聪明，让空气动起来，就写出来了。

【点评】

选题是写“空气”，空气是看不见、摸不着的，这种意想不到的作文题，能激发学生的兴趣。此时，学生正处于最佳求知状态中，赵老师把握住时机巧妙点拨：“你能从别的事物中看到空气吗？”一下子就拓展了学生被束缚的思维，进入顿悟后的情绪高涨状态。学生们写完后，老师又安排了生生之间、师生之间、家长与孩子之间的多项交流、评价活动。他用慈祥的目光注视着学生，认真地倾听学生们的发言，用商量的口吻和学生交谈自己的观点，用幽默、准确的语言随机点评。同时，抓住学生的闪光点或问题的焦点，引发学生之间的评议，引导学生把较深奥的道理通俗化，写法已呼之欲出，先进的教学理念与课堂教学完美交融。

【案例19】

课程中蕴含的美好人性，只有成为唤醒学生心灵的源泉和动力，才能让语文教学浸润人文的色彩，负载精神的使命，流溢生命的动感，让语文成为人性的语文。特级教师贾志敏在《给予树》这一课的教学中，紧扣四个“只”字引发孩子探究的欲望，实现心灵的交流，感受人间的真情。

特级教师贾志敏《给予树》

师：看老师写一个很简单的字“只”，能用这个字说一句话吗？

生1：我妈妈只有一个孩子，就是我。

师：这个“只”字用在这句话中告诉别人了什么？

生1：我妈妈生的孩子不多。

…………

师：我们可以透过一个简单的“只”，读懂它背后的意思。

（出示课文中的四个句子）

1. 让我担心的是，家里并不宽裕，我只攒了一百美元……

2. 只有金吉娅沉默不语。

3. 透过口袋，我发现，她只买了一些棒棒糖——那种五十美分一大把的棒棒糖！

4. 我的钱就……只够买这些棒棒糖的了。

师：说说你读了这四句话发现了什么。

生2：我发现这四句话中都有一个字：只。

师：你有一双慧眼。

（老师用红笔点出这四个字）

师：看到这四个“只”字，你的脑海里会冒出什么问题？

生3：为什么妈妈只攒了一百美元？为什么只有金吉娅沉默不语？为什么她只买了棒棒糖？为什么她的钱只够买这些棒棒糖？

师：是的，同学们，在学习中多问几个为什么，这样才能不断进步。有了问题怎么办？

生：解决问题。

师：怎么解决？

生：认真读书，在课文里寻找答案。

师：是啊，用心读书，才能把书读懂。

（生自由朗读课文，交流体会）

生4：我读懂了为什么金吉娅的钱只够买这些棒棒糖，因为她给一个小女孩买了洋娃娃。

（板书：洋娃娃）

生5：我读懂了妈妈为什么只攒了一百美元，因为她家并不富裕。

师：是的，她是一位单亲妈妈，一个人拉扯着五个孩子，平时的生活就很拮据，所以她只给每个孩子攒了二十美元。

（板书：二十美元）（读第一句）

生6：我读懂了金吉娅为什么沉默不语，因为她只买了便宜的棒棒糖，怕妈妈责备她，说她不懂事。

（板书：棒棒糖）

生7：她为没能给兄弟姐妹们送出一份像样的礼物而感到难过。

师：带着这样一份难过与不安的心情读二、三、四句。

（生潜心读书后，交流各自的感受，并带着自己的经验去理解妈妈为什么只送给孩子二十美元，金吉娅为什么沉默不语。初步理解这礼物背后承载着一个并不富裕的家庭和小女孩一段不寻常的心理历程）

师：是的，仅仅一个“只”字就让我们读懂了金吉娅的家庭并不富裕，读懂了金吉娅矛盾的内心。文章不是无情物啊！妈妈送给孩子的只是这二十美元吗？金吉娅送给哥哥姐姐的只是五十美分一大把的棒棒糖吗？为什么她要用仅有的钱给一个素不相识的小女孩买洋娃娃呢？

师：你问问她为什么？

生：金吉娅，你为什么要把洋娃娃送给一个陌生的女孩？

（生读金吉娅说的话。）

师：金吉娅，你心里在想什么呢？

生：那个小女孩真可怜，什么也没有。

师：那个小女孩，她可能是——

生：一个孤儿。

师：没有——

生：父母的关爱，感受不到亲人的温暖……

师：她可能是一位——

生：双目失明的女孩。

师：看不见——

生：早晨的第一缕阳光。

生：看不见春天的花儿开放。

生：看不见这个五彩缤纷的世界。

师：她可能是——

生：一个聋哑人。

师：就是这样的一个小女孩，在圣诞节她只想要她一直盼望的洋娃娃。她的愿望触动了年仅八岁的金吉娅的心。带上我们的感受再读金吉娅说的话。

师：人同此心，心同此理，因为金吉娅有一颗——

生 8：善良的心。

生 9：体贴的心。

生 10：仁爱之心。

生 11：同情心。

师：是啊，因为金吉娅有一颗金子般的心，所以才能感受到那个可怜的小女孩的那一颗孤独的、无助的、需要关爱的心。

师：我们把金吉娅的这一颗心送到句子中，把她对小女孩的这一份爱融入她说的话中。再读金吉娅说的话。

（配乐朗读）

师：同学们，现在你还认为金吉娅送给小女孩的只是一个漂亮的洋娃娃吗？

生：是一份善良、一份关爱、一份同情……

师：是的，是对陌生女孩的一份无私的爱。（板书：无私的爱）

师：你还认为妈妈送给孩子的只是那二十美元吗？金吉娅送给哥哥姐姐的只是那五十美分一大把的棒棒糖吗？带着自己的理解和感受再来读这四句话。（前面出示的四个句子）

【点评】

叶圣陶先生认为，文字是一道桥梁，通过这道桥梁，读者才能和作者会面，和作者的心情相契合。在《给予树》一文的教学中，贾老师紧扣教材，精心设计。

他先是让学生们造句，在造句中提炼出句子的共性，然后引导学生体会这个共同的“只”字的作用，于是问题便出来了：为什么妈妈只攒了一百美元？为什么只有金吉娅沉默不语？为什么她只买了棒棒糖？为什么她的钱只够买这些棒棒糖？

带着这些问题，接下来引导学生进行思考，从阅读中找到答案。于是，阅读教学就不露声色地开始了。学生在读中交流，在读中体会，答案在学生的交流中浮现出来。因为金吉娅有一颗“善良的心”“体贴的心”“仁爱之心”“同情心”。

这个课堂是动态生成的，是开放的、互动的，是心灵对话的舞台。在教学中，教者用激情的话语唤醒孩子心灵深处那一份善良和美好的情感，用自己的人文精神去滋润孩子的心灵，让课堂处处充盈着奔涌的激情。师生共同谱写了一首和谐的生命之歌。

【案例20】

阅读教学是教师、学生、文本之间对话的过程，是“物我回响交流的过程”。由于每个人的经验、体验、思维方式等存在差异，“对话”的结果必然也不会完全相同。那么，在这一过程中如何提升“对话”的质量？其间是否还需要教师的引导和控制？尊重学生的主体体验是否就意味着可以任意解读文本？带着这些问题，我们一起来欣赏特级教师周益民《半截蜡烛》的教学艺术。

特级教师周益民《半截蜡烛》

片段一

师：请同学们轻声读读伯诺德夫人的话（“瞧，先生们，这盏灯亮些。”），想想应该强调什么字眼。

（学生各自试读）

生1（将“亮”字重读）：我觉得应该强调“亮”字，因为只有突出油灯比蜡烛亮，才有可能巧妙地将蜡烛换下来。

生2（将“灯”字重读）：我觉得应该强调“灯”，因为只有突出了“灯”，才能吹灭蜡烛。

生3（将“瞧”字重读）：强调“瞧”字是为了吸引德国军官的注意。

生4（将“先生”重读）：我觉得也可以强调“先生”，这样做显得似乎很有礼貌的样子，可以避免德国军官起疑心。

师：同学们的朗读处理都很有意思，都有各自的理由。不过，尽管咱们的处理方式不同，但有一点其实是相同的，想想是什么？

生5：目的是相同的，都是为了保住那半截蜡烛。

生6：都是为了消除敌人的疑心，巧妙地熄灭蜡烛。

师：说得对。只要我们的朗读处理都是围绕这一点的，那么就都是允许的。下面，请你们想着这个目标，按照自己的处理方式各自朗读这句话。

片段二

师：绝密情报最终没有暴露，情报站没有遭到破坏，他们一家也得救了。同学们，是谁保住了秘密，保住了情报站，挽救了一家人？

生1（脱口而出）：是小女儿杰奎琳。

师：有不同的观点吗？

（学生开始沉思）

生2：我认为杰克也有功劳。

生3：还有母亲呢。

师：现在出现了两种意见，一种意见认为是杰奎琳，还有一种意见认为杰克、母亲也功不可没。同学们，要想说服对方，就必须拥有充分的理由。想想，理由是什么？

生：在课文中。

师：还是逐字逐句读吗？（生摇头）学习得讲究方法。请大家快速读相关的部分，找到相关的内容后，再仔细琢磨。同学间也可以进行交流。

（学生读书、思考、讨论）

生4：我认为最后的成功应该是全家人的功劳。你想，儿子杰克在当时的情形下，如果不是那样从容，不就会引起敌人的怀疑吗？

生5：还有妈妈呢。她表现得那样镇定，一开始是“轻轻”把蜡烛吹灭。

生6：还有，一开始妈妈从厨房取出了一盏油灯，这样，后面小女儿杰奎琳才有可能取走蜡烛。

生 7：我觉得还有一点不可忽视。课文最后说小女儿“踏上最后一级台阶时，蜡烛熄灭了”，多危险呀！那么是谁赢得了这一点宝贵的时间呢？是妈妈。她在一开始就试图用油灯替换蜡烛，轻轻吹灭了蜡烛。

师：大家前后联系起来思考，非常好。我觉得我们还可以想得更远一点。

生 8：两个孩子都还小，在敌人面前为什么能这样镇静呢？我想，这与母亲长期的影响是分不开的。

生 9：再说，把情报藏在蜡烛里这个绝妙的主意本来就是母亲想出来的。

师：同学们都说得非常有道理。但是，如果没有最后杰奎琳的灵活应变，后果不还是不堪设想吗？能不能有一个恰当的说法，既提到全家人，又突出杰奎琳。

生 10：全家人都为保住情报站做出了贡献，小女儿杰奎琳起到了关键作用。

生 11：能保住情报站是全家人齐心协力的结果，小女儿起到了至关重要的作用。

片段三

师：同学们，如果我们把这个故事改编成一部电影，你觉得出现最多的镜头该是什么？闭起眼睛想想。

生 1：我觉得是那半截蜡烛。蜡烛是贯穿整个故事的，并且牵动着大家的心。

生 2：我觉得是墙上的那面钟，“滴答滴答”的声音一直在耳边回响，伯诺德夫人和两个孩子的心越来越紧张。

生 3：我眼前总是闪过德国军官阴险的眼睛。伯诺德夫人总觉得他们似乎发现了蜡烛的秘密。

师：你们都是出色的导演。虽然镜头不一，风格有别，但我感觉你们的意图都是一样的，能说说吗？

生4：我们都是为了渲染一种紧张的气氛。

生5：我们都是为了突出当时的危险，表现人物的紧张。

【点评】

在教授《半截蜡烛》一课时，周老师始终扮演一个引导者的角色，在每一步的教学中，周老师都用问题引导学生思考、挖掘，理解课文中的人物形象和性格特点。

在“想想应该强调什么字眼”的品字读词的基础上，周老师引导学生去层层剥开课文中紧紧相扣的环节，“是谁保住了秘密，保住了情报站，挽救了一家人？”引入对人物形象的分析和理解。于是“全家人齐心协力”的答案自然地展现在我们面前。

接下来，“如果我们把这个故事改编成一部电影，你觉得出现最多的镜头该是什么？”让学生展开想象，让自己化身导演，去体会课文中情节描写的成功之处。

纵观周老师教学的三个片段，可以看出周老师的实践是着力于学生思维的不断拓展、学习策略的适宜点拨以及学习状态的真诚激励，这些都伴随着“对话”进行的始终。就在这种立体、丰富、多元、辩证的自主“对话”中，学生的智慧获得了开发，经验获得了共享，认识获得了提升，语言获得了发展，情感获得了陶冶。

【案例 21】

儿童的思维是从动作开始的，切断动作与思维的联系，思维就得不到发展。由此可见，活动是联系主客体的桥梁，是学生认识发展的直接源泉。卫建玫老师的《长方体的认识》一课，独特之处就在于，自然顺畅、切入无痕地让学生在活动中掌握了长方体的特征。其中一个片段是这样展开的。

特级教师卫建玫《长方体的认识》

师：老师给大家准备一些材料，用这些材料加上你的巧手，你们就可以做出一个或是两个长方体，要做得又快又好，就需要小组合作。

制作材料有方形纸板、萝卜、养料小棒、插口、刀、刀板、透明胶等。

制作时，小组合作，边观察边制作，边读书边修正，并讨论组织汇报语言，力求准备充分。

展示时，介绍制作所用的材料、制作方法及你们的发现。

（学生动手操作）

师：刚才同学们做得非常投入，你们一定想把自己的成果展示出来。

生1：用萝卜切出一个长方体。

师：做出这个长方体至少要切几刀？

生2：切六刀。

师：切六刀是因为长方体有——

生2：六个面。

师：六刀一定能切出一个长方体吗？

生2：不一定，因为切歪时，需要修正。

师：做得很好，说得也很好。边做边思考。

师：除了切的，还有其他的吗？

生3：我们用插的方法，插出一个长方体。我们是十二根小棒，八个插口。

师：十二根小棒是三种颜色，每一种颜色长度（生3：都相等），用插的方法。

（这十二根小棒不是任意的十二根小棒，分为三组，这三组的长度分别相等）

生4：我们六个长方形纸片贴成一个长方体。

师：用六个长方形围成一个长方体？六个长方形一定能围成一个长方体吗？其他同学呢？说说看。

生5：我觉得对边的两条都要相等。面的话，对边要平行地贴上去。

师：用六个长方形围成一个长方体，这六个长方形有特殊的要求。三对长方形，一对是两个。这两个长方形怎么样呢？

生6：完全一样，也就是完全相等。

师：三对完全相等的长方形就一定能围成一个长方体吗？

（出示插的长方体）

师：在长方体中，这些小棒叫作什么？

生7：边。

生8：我觉得说的是棱。

师：说说你对棱的认识。

生8：三个棱就组成一个角。

生9：（指一指棱）两个面相交的边就是棱。

师：我们可以将四组相等的棱，也叫作相对的棱。

师：有八个插口，叫作？

生9：角。

师：在数学中，这叫顶点。

师：在你做的长方体中指一条棱，说一说它是由哪两个面相交组成的。

（学生动手摸）

【点评】

看一下这些材料，“方形纸板、萝卜、养料小棒、插口、刀、刀板、透明胶等”，难道你会想到是一节数学课？而卫老师就是这样引入他的长方体的数学教学的。

在老师出示材料并让学生运用自己的聪明才智来制作一个、两个，甚至更多的长方体后，学生们就展开了小组活动，而老师则随时跟学生们进行讨论，围绕着“为什么这样切、插、拼”而展开。就这样，在看似不经意的活动与交流中，将长方体的特征深刻地印在了学生们的脑海里。这样的活动与交流是自然的，也是巧妙的。教师的主导作用之一就是创设好“活动点”。

三、激发学生的情感

【案例 22】

以读激情，就是通过朗读，发挥朗读对理解课文内容、发展语言、陶冶情操的作用。也即通过多种形式的读来引起起学生的兴趣。如可采取欣赏法，由教师示范朗读、录音朗读、声像组合朗读等方式，让学生通过聆听来欣赏。这样可以让学生更深入地理解课文内容，同时提升学生的审美能力。让我们一起来欣赏游彩云老师《金色的鱼钩》的教学片段。

特级教师游彩云《金色的鱼钩》

师：谁能把表现老班长崇高思想的句子找出来，读一读，谈一谈体会？

生 1:“他摸了摸嘴，好像回味似的说:‘吃过了。我一起锅就吃，比你们还先吃呢。’”老班长并没有吃鱼，他撒了一个谎。其实他是想把鱼让给其他战士吃，从这里我可以看出老班长舍己为人的精神。

师：很好，这位同学是从老班长的语言方面看出他的崇高精神。他读得好不好？哪位同学愿意站起来评一评？

生2：他没有读出老班长那种心情，其实老班长是很心虚的，但是他又想掩饰他的谎言，所以应该读得更激昂些。

师：他评得很好，有没有同学找到其他的句子？

生3："他坐在那里捧着搪瓷碗，嚼着几根草根和我们吃剩下的鱼骨头，嚼了一会儿，就皱紧眉头硬咽下去。"我是从这一句感受到老班长的高贵品质的，草根和鱼骨头很难啃，可是老班长宁可自己吃苦，也要把鱼肉让给别人。

师：这位同学是从动作方面来找的，从"捧""嚼""皱紧眉头""硬咽"这些动词，可以看出老班长嚼草根和鱼骨头时是非常痛苦的，这更显出他关心同志的品质。谁可以评一评？

生4：他读得很准确，通过语言把老班长吃草根时的痛苦都表现出来了。

【点评】

在讲《金色的鱼钩》这篇课文时，游老师没有烦琐多余的内容分析和一连串的提问，而是着力引导学生有感情地朗读，使朗读与体悟情感有机地结合在一起，让学生的情感在品读中得以升华，并悟出其中的道理。

老班长优秀的品质是通过老班长的外貌、神态、语言和动作等表现出来的。在教学中，游老师让学生把最能表现老班长崇高思想的句子找出来，读一读，谈一谈体会。然后，让学生都来评议一下站起来的同学朗读的情况，能不能表达出句子所蕴含的思想感情。通过疑问驱动学生灵动的心，唤起学生想象语言文字的形象，体会语言文字传达出的情感。评后再读，读了再评，易于激起学生的情感。

四、引导学生发挥想象

【案例23】

《要下雨了》是一篇科学童话故事，用浅显的文字，生动、形象的语言形式介绍了雨前的一些自然现象，读来趣味十足。杨屹老师在执教《要下雨了》一课时，独特的情绪教学体现了“以儿童熟识的语言材料作为主要材料”的教学理念，使学生在兴趣盎然中受到启发，拓展了学生的知识面。

特级老师杨屹《要下雨了》

片段一

师：课文一开始就告诉我们什么？

生：告诉我们小白兔在山坡上，正弯着腰割草。

师（在黑板上边画边说）：同学们看，这就是小白兔割草的山坡。这时，小白兔有什么感觉呢？

生：小白兔觉得天气很闷。

师：对，“天气很闷”是什么意思？

生：天气很闷是喘不过气的意思。

师（挂小白兔的图画）：于是，小白兔直起身子，伸伸腰、喘喘气。这时候，它看见了什么呢？

生：一只小燕子从它头上飞过。

师（边说边板画）：正在这时，一只小燕子从它头上飞过。你能看出燕子和平时有什么不一样吗？

生：燕子飞得很低。

师：你怎么看出来的？

生：小燕子从小白兔的头上飞过。

师：对，看得真仔细。这时候，小白兔也发现了。燕子平时飞得很高，现在怎么飞得这么低呢？小白兔觉得很奇怪，那它是怎样做的呢？

（生读第二自然段）

师：现在，同学们都是小白兔了，一只小燕子就从你的头上飞过，快喊呀！

生：燕子，燕子，你为什么飞得这么低呀！

片段二

师：小白兔往前一看，又看见了什么？要用书上的话说。

生：它看到小鱼都游到水面上来了。

师（边画边说）：这是池子，池子里有鱼。你发现小鱼与平时有什么不一样吗？

生：平时在水里，今天都游到水面上来了。

师：小白兔跑过去，是怎样问的？

生："小鱼，小鱼，今天怎么有空出来啊？"

师：小鱼把什么消息告诉了小白兔？

生：小鱼把要下雨的消息告诉了小白兔。

师：还告诉小白兔些什么？

生：还告诉小白兔快回家吧，小心淋着雨。

师：很好。还有呢？同学们看小鱼的话分几句说的？

生：分三句说的。

师：第二句告诉它什么？

生：水里闷得很，我们游到水面上来透透气。

师：对，原来下雨前，不光空气很闷，水里也很闷。小鱼在水里闷得很，会是什么样子呢？下面我们来当小鱼，用手做水面。

大家都到水里来，在水里闷得很，憋住气，快游到水面上透透气。

（学生随老师演示）

师：同学们做得很好，在水里闷得很，很难受，而游到水面上来透透气，就舒服多了。谁能这样说：下雨前小鱼游到水面上来，是因为……

生：下雨前小鱼游到水面上来，是因为它觉得水里很闷，它想透透气。

片段三

师：在回家的路上，小白兔又看到了谁？

生：它看见路边有一大群蚂蚁。

师（画两只蚂蚁）：大家看，这是谁？

生：蚂蚁。

师：多少蚂蚁？

生：一大群蚂蚁。

生：不对，这才两只蚂蚁。

师：那多少才是“一大群”呢？

生：很多。

师（画一大群蚂蚁）：小白兔看到这一大群蚂蚁是怎样做的？

生：它把要下雨的消息告诉了蚂蚁。

师：如果你是小白兔，你会怎样对蚂蚁说呢？

生：蚂蚁，蚂蚁，你们快回家吧，小心淋着雨。

师（边画边说）：大家看蚂蚁背后背着什么？头上顶着什么？

生：它们吃的粮食。

师：哪位同学知道为什么下雨前蚂蚁要往高处搬家吗？

生：因为下雨时，水由高处往低处流，如果它们的家在低处，水一冲下来，就会把它们的家淹坏。

师：同学们自己读第七段，边读边想：是小白兔告诉蚂蚁要下雨了，还是蚂蚁告诉小白兔要下雨了？

生：是小白兔告诉蚂蚁要下雨了。

师：你从哪儿看出来的？

生：我从“小白兔把要下雨的消息告诉蚂蚁”这句话看出来的。

师：那蚂蚁告诉小白兔什么呢？

生：“我们已经知道要下雨的事情了。”

师：想一想，蚂蚁说“是要下雨了”，也就是说要下雨这个消息是怎么样的？

生：是对的。

片段四

师（边说边画）：正在这时，响起了一阵雷声，“哗、哗、哗”下起雨来了。同学们看，雨点大吗？……不一会儿，地上就出现了小水洼，这雨下得怎么样？

生：雨下得很大。

师：不光大，还怎样？

生：还很迅速。

师：可以说这场雨下得又大又急。我们在读雨的声音“哗、哗、哗”的时候，要读出雨下得又大又急。

师：下雨前，小白兔也有一种感觉，它当时不知道，你知道吗？

生：它觉得天气很闷。

师：对，下雨前，自然界中还有许多和平时不一样的现象呢！这就需要同学们去观察，去了解，我们比一比谁知道得最多，好吗？

【点评】

对于科学童话的教学，杨老师没有孤立地去教课文，而是让学生充分发挥想象。在这个过程中，杨老师将自己的基本功——

绘画利用上了。

接下来，老师按故事情节的发展画出下一步的内容，学生们自然积极地告诉老师情节中的内容。于是，师生双方一问一答、一答一画，课文的内容形象地展示出来，自然界的科学知识也在这一问一答、一答一画的过程中被揭示出来了。

在教学过程中，我们看到杨屹老师交叉运用各种教学方法，使几种教学手段很好地结合起来，学生的积极性被充分调动起来，课堂气氛活跃，学生在轻松愉快的气氛中学习知识并提升能力。

【案例 24】

在教学中，教师经常引导学生把自己想象成文本中的人物，从而有了真切的体验，产生了真实的情感，与作者产生共鸣。虞大明老师在讲授《共有名字》一课的2～5自然段时，有这样一个片段。

特级教师虞大明《共有名字》

师：虞老师来当邮递员，你们当村民。谁来当信的主人呢？（请一自告奋勇的学生起立）虞老师课前查了一下资料，发现土耳其人非常爱用这样一个名字。

（板书：阿不杜拉）

师（问学生甲）：你现在叫什么名字？

生甲：阿不杜拉。

师（问全班同学）：你们现在叫什么名字？

众生：阿不杜拉。

师：没错。为了演得出色，在表演之前，你们必须得做一件什么事？

众生：做好准备。

师：是啊，得把这四个自然段好好研究一下。哪些词，在演的时候得特别注意，请在这些词下面加上点，赶快准备一下吧！

（生开始准备）

师：开始吧！你们都是土耳其偏远小村庄里的村民，我是邮递员。你们现在应该在干各自的活。干活吧！

（生纷纷模拟干各种活）

师（大声地）：乡亲们，来信了！

（生纷纷做跑步状，以示来到广场。所有学生均坐在位子上）

师：据我所知，那个广场上是没有凳子的。

（生恍然大悟，都站了起来）

师（大声地）：亲爱的阿不杜拉，您好！

众生（大声）：好！

师：好久不见了，很想念你们全家人。

众生：哦！

师：告诉你一个好消息！

（生在座位上欢呼）

师（惊讶地）：为什么这样啊？

生：课文中写着“欢呼雀跃”嘛！

师：哦，但我只看到了“欢呼”，并没有看到“雀跃”。

（生纷纷跳跃起来）

师：边欢呼边跳跃，这才是“欢呼雀跃”。继续。太太分娩了，这回是个男孩！

生甲：别念了，别念了，是我的信。

（众生大笑）

师（故作惊讶地）：你们为什么笑啊？

生：他太太生小孩了，他太高兴了！

师：真是他太太分娩了？他难道连自己的太太有没有分娩都不知道？还要别人写信来告诉他？想一想，到底是谁的太太分娩了？

（学生若有所思。）

生：给他写信的那个人的太太。

师：是啊，给他写信的那个人的太太分娩了。这个人有可能是他的亲戚或者朋友。（对生甲）你现在应该清楚了，不是你的太太分娩了，是你朋友的太太分娩了！（学生大笑）再问你，你朋友，包括刚分娩的那个孩子，他一共有几个小孩？

生甲：大概六个。

师：前边五个都是——

生甲：女孩。

师：这回总算生了一个男孩，所以他特别开心。于是，他就写信把这个好消息告诉你，让你也分享喜悦。谁知，这份喜悦，大家都享受到了。这就是共有名字带来的——

生：共同的乐趣。

师：但是，虞老师觉得他刚才那句“别念了，别念了，是我的信”喊得不太到位。谁来帮他喊一喊？

生乙：别念了，别念了，是我的信。

师：开心吗？还不够。怎样读才显得你很开心？

（生纷纷练习此句）

生丙：别念了，别念了，是我的信！（读得很精彩）

师：很好，这才像开心的样子。我们一起来念念。

（生齐念该句子）

师：这就是共有名字给我们带来的乐趣。刚才大家表演得非常不错。咱们为什么能够演得那么好啊？（生茫然）二至五自然段中有一个标点帮了我们的大忙，知道吗？哪一个标点？

生（恍然大悟）：破折号。

师：为什么破折号帮了我们的忙？

生：破折号前面写的是信的内容，后面写的是村民听信后的反应。很清晰。

师：对。作者用破折号将“信的内容”和“村民的表现”联系起来写了，让我们一看就明白该怎么演。咱们以后在写作文的时候也可以试着这样去写，好吗？

生：好。

【点评】

“换位思考是让学生理解人物的极好的方式。”在授课时，虞老师正是运用了这种思维方式，“虞老师来当邮递员，你们当村民。谁来当信的主人呢？”师生之间进行角色扮演，让学生真切地体会到“共有”的乐趣。

角色扮演后，虞老师不时提点学生对课文理解的不当之处，让学生真正地融入角色，体会课文中的精妙词句。同时，在角色扮演中，学生们体会到了标点的作用，自然学会了在自己的作文中也这样去写。

五、让学生学会自主学习

【案例25】

《找规律》一课是小学数学三年级下册的内容。特级教师吴金根老师在上课时，借用了四年级的教材，他以引导学生“主动学习，探索研究”为着眼点，依托生活中的有规律的事物，充分发挥学生的学习主动性，使该课源于日常的生活知识，又不局限于学生已有的生活经验。把生活中经常看到的、无序化的东西，通过教师的投影演示、动手操作，引导学生进行思考，教师还适时渗透了模型化的思想，真正达到了新课标所要求的“自主学习，主动探究”。一起来欣赏其中的三个片段。

特级教师吴金根《找规律》

片段一

师（幽默风趣）：今天我来这里上课，心里非常高兴，想着要见到同学们，应该要穿得漂亮些，吴老师的家里有这么多不同颜色的领带与衬衣，请你帮我选择一下，我该怎么搭配才好看呢？

（接着，投影出示了三条不同颜色的领带与三件不同颜色的衬衣）

师：你们认为一共有多少种搭配方法，老师可以有多少种穿法？

（学生颇感兴趣，一个劲地猜老师可能会怎么穿）

生 1：我认为是六种。

生 2：我认为是九种。

生 3：我认为……

片段二

师：好，刚才大家认为老师会有九种不同的穿法，为了大家方便地看出来，我在黑板上用简单的符号画出来。

（老师依次画了三条领带、三件衬衣）

师：通过观察，你们现在知道有多少种不同的搭配了吗？

生：九种。

师：怎么才能做到既不重复又不遗漏呢？请哪个同学上台来演示一下。

（一生上台操作，三条领带与三件衬衣搭配，先连一条领带与三件衬衣，再依次连接其他的领带与衬衣）

师：同学们，看了刚才这位同学的操作，你知道领带的条数与衬衣的件数，与多少种搭配方法有什么关系呢？

（同桌交流）

生1：是这样想的：3×3=9

师：你能用连线的方法很快地找到答案吗？

（学生小组合作，用线连一连）

师：谁来说说现在你是怎么想的？

生2：抓住领带找衬衣。这样搭配的话，就有九种可能。

师：……同学们在学习生活中经常有买东西或买同样产品的选择。比如，我要买一个木偶娃娃，再配上一顶帽子，帮我看看有多少种选择呢？

（出示两顶帽子和三个娃娃的简笔画图）

师：请你连一连，有多少种搭配的方法？

（学生小组合作得出：六种）

师：木偶的个数与帽子的顶数与有多少种搭配方法，有什么关系？

（学生得出：2×3=6）

片段三

师：学到最后，老师又要请同学们来帮忙了，先猜一猜：吴老师平时可能有多少套西装？多少双皮鞋？

（学生猜出多种可能）

师：现在有四种答案。你认为哪些情况不太可能？

生1：我认为一双皮鞋配八套西装和八双皮鞋配一套西装不太可能。

师：为什么不可能？

生1：这样的穿法似乎不讲究卫生。

师：好，按照你们的说法，会有多少种搭配的方法呢？

（小组讨论）

师：你是怎么找到答案的？

生 2：我是这样想的：2×4=8，4×2=8

生 3：4+4=8

师：那么，你们找到规律了吗？

生：找到了……

【点评】

在新课的学习中，吴老师着力调动学生学习的积极性，让全体同学都主动参与到学习中，给予学生上台操作演示的机会，给予学生讨论交流的机会，给予学生从一个个例子中总结规律的机会。最后的搭配问题中，老师并没有完整地小结公式之类的规律，更多的是引导学生学会学习，懂得思考问题的方式方法，从“无序”走向“有序”，激发了学生数学学习的参与热情，真正促进了学生创造性思维的发展。

【案例 26】

建构主义的学习理论认为：学习不应该被动看成对于教师所授予知识的被动接受，而是学习者以自身已有的知识和经验为基础的主动的建构活动。在《数学新课程标准》中，也强调要从学生已有的生活经验出发，让学生亲身经历将实际问题抽象成数学模型并进行解释与运用的过程。因此，在特级教师余颖执教的《圆的认识》的整堂课中，她始终贯穿“学生是数学学习的主人，而教师则是数学学习的组织者、引导者和合作者”这一课堂教学理念。一些教学环节很有创意，对我们教师很有启发，一起来欣赏一下。

特级教师余颖《圆的认识》

片段一

师：上新课之前，老师先做一下统计，家里有摩托车的同学请举手。摩托车坐上去舒服吗？你家里的摩托车的轮子仔细观察了吗，是什么形状？为什么车轮子一定要设计成圆形呢，你们知道这是为什么吗？（学生在自己生活经验的基础上纷纷说出自己的各种猜测）那么，今天这堂课，我们就来认识圆。

（出示课题：圆的认识）

片段二

（一）通过举例，说明在日常生活中，有着许多大小不等的圆

1. 引导举例。

2. 多媒体演示。

（二）学习用圆规画圆

师：接下来就请同学们自学课本115页上的内容，小组交流一下，可以用哪些方法画圆，比较一下，哪种方法好，步骤怎样，并用这种方法尝试着画一个圆。

1. 学生汇报交流，接受老师同学的质询。

2. 教师示范画圆并提示画圆时要注意的问题。

（三）认识圆的各部分名称和圆的特征

1. 提问：如果要在圆内画出一条线段来表示定长，应从哪一点画到哪一点呢？（请学生上黑板指出，教师引导。引出圆心概念）

2. 教师画出一条表示定长的线段后，说：我们给它取个名称叫半径，用字母R表示。下面请同学翻到第116页自学什么叫半径，并小组交流，通过比一比（比圆上一点、圆内一点和圆外一点）、指一指（指圆上任意一点），再理解“圆上任意一点”的含义。汇报交流结果，回答老师同学的问题。

3. 请同学们分别画一个半径是2厘米和1.5厘米的圆，并在每个圆上画几条半径，想一想、比一比：同一个圆中有多少条半径？半径长度都相等吗？圆的大小由什么决定？圆的位置由什么决定？

4. 汇报自学交流结果，回答老师同学的问题。

片段三

拿出老师发的圆，要求先对折几次，描出几条折痕，然后量一量每一条折痕，小组交流你发现了什么规律。

生：我发现每条折痕都通过圆心。

生：我发现每条折痕的长度都相等。

生：我发现有无数条，画不完。

生：我发现描下来的线段两端都在圆的边沿上。

生：我发现一条折痕的长度等于两条半径的长度。

生：我发现一条半径等于半条（二分之一条）直径。

生：我发现对折后两边大小都相等。

生：我发现……

教师在学生发现的基础上，引导学生归纳圆的直径的概念。

【点评】

心理学实验证明：思维往往是从动作开始的。切断活动与思维的联系，思维就不能得到发展。要解决数学知识的抽象性与学生思维形象性之间的矛盾，关键是依靠动手操作。基于上面的认识，余老师在引导学生认识圆的各部分名称，理解圆的特征，以及教学圆的画法时，有目的、有意识地安排了让学生画一画、指一指、比一比、量一量等动手实践活动，启发学生用眼观察，动脑思考，动口参加讨论，用耳去辨析同学们的答案，收到了很好的教学效果。这正应验了教育家乌申斯基所说的："接受知识的感官越多，知识就掌握得越牢固、越全面。"

六、让学生学会主动探究

【案例 27】

课程资源是语文课程设计与实施不可缺少的基本要素。开发和利用课程资源，对于转变学生的学习方式和教师创造性地实施新课程等都具有非常重要的意义。

如何构建资源开发和利用的有效范式，使课堂有的放矢呢？让我们一同走进特级教师盛新凤执教的《秦始皇兵马俑》的三个片段，从中探寻课程资源开发利用的有效性策略。

特级教师盛新凤《秦始皇兵马俑》

片段一

师：人类社会发展到今天，科技进步早已是日新月异，然而在深深的地底下，却冲出了一支古代帝国的雄兵（课件演示：气势磅礴的秦始皇兵马俑军阵、栩栩如生的秦始皇兵马俑神态），这就是被称为“世界第八大奇迹”的秦始皇兵马俑。（揭题）

这节课，咱们继续学习，深入研究第三、四自然段。请大家快速自由地朗读第三、四自然段。

（学生快速默读）

师：这两个自然段主要写了什么？谁来简单地说说？

生：这两个自然段写了秦始皇兵马俑的神态和军阵。

师：一个自然段一个自然段地说。

生：第三自然段写了秦始皇兵马俑的军阵，第四自然段写了秦始皇兵马俑的神态。

（教师板书：军阵神态）

师：就让我们去目睹一下这个被称为“世界第八大奇迹”的秦俑的风采吧！

片段二

师：看着一个个栩栩如生的兵马俑，你们想不想对它们有个更全面的了解？

生：想！

师：请同学们快速阅读老师发的资料卡。（补充教材内容）

（生快速阅读资料卡）

师：你们看（指课件出示的资料卡），这些兵马俑共有——

生：八千多个。

师：按地位可分为——

生：将军俑、军吏俑、武士俑。

师：按兵种分为——

生：车兵、步兵、骑兵、弓兵。

师：它们各有各的神态，我们从它们的神态中就能判断出它们的年龄、兵种、性格、地位、心理活动等，真是栩栩如生啊！让我们再读一遍课文，要把它们读活了。

（生齐读全篇）

片段三

师：当我们看到军阵那精妙的布局时，更会为之惊叹呢！请大家自学课文第三自然段。在自学前，老师先做个调查，咱们每个人都有自己的理想，长大了有没有想当导游的？

（一部分学生举手）

师：文学家？（部分学生举手）军事家？（部分学生举手）播音员？（部分学生举手）（师笑）哦，都全了。这样吧，根据大家不同的兴趣和对课文的理解，选择一至二项学习任务。（课件出示）军事家：画、摆军阵图；文学家：研究作者的观察顺序、写作顺序，结合材料完成课后“习题 3”；导游：练说导游词。播音员：读出军阵的威武雄壮。

（学生准备三分钟）

师：停！咱们就自学到这儿，先来交流一下，请文学家先来。你完成了课后的习题，你研究出来了什么？

生：这个自然段的写作顺序是从整体到部分再到整体。

师：其他文学家有补充意见吗？（生摇头）说下去。

生：作者参观兵马俑的顺序是从前面到中间，再是两边的侧翼和后卫。

师：是不是这样？同意的举一下手。

（生举手赞成）

师：你们先告诉我前面的整体描写是哪句话？

（生齐读）

师：最后的整体描写是哪句话？

（生齐读）

师：有意见吗？请军事家来介绍一下。

（投影学生画的军阵图，一旁讲解）

师：前面三列横队是什么？（生说不清）你们说是什么？

生（齐）：前锋！

师：说下去。

生：后面是四十列纵队。

师：是什么？（生说不出）下面请小小军事家告诉他！

生（齐）：主力！

师：对，也可以说是主体！

生：边上是侧翼。

师：边上的，面朝哪儿的？

生：外面的。

师：说下去。

生：最后一排是后卫，面朝外的。

师：有意见吗？老师还想考考你，为什么这么排列，你有没有研究？

生：如果前方有敌人攻击，那么前面三列横队就可以马上投入战斗……

师：有画得不一样的同学吗？

生：我的和他的不一样。

师：其实，从不同的角度去看，这个示意图可以有不同的画法，课后可以再琢磨琢磨。

【点评】

启发是一位老师课堂驾驭能力的一种体现，盛老师在教授《秦始皇兵马俑》时，便将启发艺术运用得淋漓尽致。

首先，用课件展示兵马俑的形象，引导学生在文中找出关于兵马俑的描写，将具体的形象和抽象的文字联系起来，调动了学生的多种感官。其次，为了让学生更深入地理解课文中的描写，盛老师让学生概括课文的内容，在概括之后，辅助学生理解的则是资料，这些资料补充了学生心中的某些疑惑，让学生把想象的空间填平、填满。

当学生理解并掌握了相关的知识后，活学活用就成了应该解决的问题。做一名导游是理解文章的组织结构的最好方法。学生在做导游的过程中，将课文的组织结构整理出来，在这个过程中，学生们不停地补充每个人的看法，对课文内容的理解深化。

盛老师在进行教学时，总是把学生置于一种动态、开放、主动、多元的学习环境中，有意识地通过活动来培养学生的探究能力，这些很值得我们学习。

【案例28】

作品是为读者阅读而创作的，读者才是作品价值实现的能动主体。读者在阅读过程中调动个人的生活经历，渗透自我的情感理念，从不同的角度、不同的文化背景对作品做出不同的解读，这就是阅读的创新。读者通过阅读不仅可以理解作家的意识，而且可以根据文本和自己的意识投射建构新的意义，从而获得一种美的享受。一起看看薄俊生老师执教《最大的麦穗》一课时的一个片段。

特级教师薄俊生《最大的麦穗》

师："追求应该是最大的，但把眼前的一穗拿在手中才是实实在在的。"生活中你们有没有遇到过这样的事？

生：今天这堂课，面对同学、老师，我想也是一个绝好的机会。如果好好把握这个机会，向同学老师展示自己的风采，也是很实实在在的。

师：这个最大的麦穗被你摘到了。

生：学校举办踢毽子比赛，由于怕这怕那，最后没有报名，而比赛的结果，冠军的成绩都比我差得多。唉……

生：班委改选，我认为自己能力不够，打消了竞选的念头，后来就后悔了，我并不比别人差，如果竞选成功的话，我的小学生活一定会更灿烂。

师：如果我是苏格拉底的话，一定收你为徒。

生：记得上周，老师让我们回去制作一件手工艺品，我花了不少工夫，又是做陶制品，又是做模型，一心想做件最棒的，可做出来又觉得不满意，一气之下，我把它们全扔了。到了学校，看见同学们都带来了他们的作品，只有我两手空空，真是后悔！

师：谈谈你听说过的其他的事。

生：我的表哥大学毕业就开始找工作，可到现在还没有工作，他不是嫌这个工资低，就是嫌那个太辛苦，总想找个最好的，很不现实。

师：你放学回去后，给你表哥读读我们今天学的课文。

生：我的大伯本来是做羊毛衫生意的，由于他能吃苦，大生意做，小生意也做，所以生意特别好。没几年，他就积攒了一笔钱，建了大厂房，现在……

师：你大伯把握机遇的能力真不赖！你理解课文也不赖！

生：学习时，我们喜欢做难的题目，不做简单的题目。实际上，只要多做简单的题目，难的题目也就会做了。

师：打好基础才能解决难题。生活中还有很多这样的事情，比如找工作、炒股票、做生意……都要把握好机会。

【点评】

“追求应该是最大的，但把眼前的一穗拿在手中才是实实在在的。”这是一句极富哲理的话，要感悟其中蕴含的道理并从中受到启迪不是一件容易的事。对于这样的重难点，薄老师唤起了学生生活中各自的体验，引导学生用生活中的经历来阐释这句话，可谓“大道至简”。也正是因为被唤起了这样的生活体验，学生才能将这深刻的人生哲理诠释得生动、真实、富有生活气息、富有个性！

【案例 29】

特级教师薛瑞萍说：“站在课堂上，我就是语文。”这需要何等的勇气与自信！她在教学中不但创造性地理解了教材的重要特征，也充分理解了学生对这些内容的关注。让我们一起来感受薛瑞萍老师在教授《詹天佑》时的冷静与理智。

特级教师薛瑞萍《詹天佑》

师：刚才，我们读到一个词“回击”。它有哪些近义词？

生1：反击。

生2：打击。

师：这里为什么要用“回击”？

生3：因为帝国主义者认为，这是一个笑话。

师：一个笑话？告诉我们，你说的是哪一段的文字？

生3：第三自然段。

师：好，我们跟着你，我们来学第三自然段。

生3（读）：有一家外国报纸轻蔑地说：“能在南口以北修筑铁路的中国工程师还没有出世呢。”

生3（读）：原来，从……至于中国人是无论如何也完成不了的。

生3（读）：……他们嘲笑我们。

师：你们认为外国人的嘲笑有理由吗？为什么？

生4：有理由，因为当时清政府腐败无能。

生5：没有理由。因为帝国主义者对中国的情况还不了解，我们已经有了自己的铁路工程师了。

生6：有理由。因为中国当时的技术太落后了。

生7：有理由。虽然有詹天佑，但那么多困难不是他一个人能克服的。

生8：没有理由。中国人是有志气的，詹天佑是有志气的。

生9：有理由。在这之前，中国的铁路都是外国人设计修筑的。这是第一条完全由中国人自己修筑的铁路，而且还那么难，外国人认为很多困难他们都不能克服，中国人当然更不行了。

师：如果政府是腐败的，光有几个科学家有什么用呢？正如

11 岁留学太早了一样，58 岁去世对于科学家来说也太早了呀！由于社会的黑暗、政府的腐败等原因，詹天佑积劳成疾，58 岁就离开了人世。在修筑京张铁路的过程中，他遇到的很多困难，其实都是工程技术以外的。比方说，铁路本来要经过一个有权有势人家的坟地，可是人家不许，不许铁路就要绕弯子，费时、费工，他就得和人家进行艰苦交涉。类似的事情，他经历了太多。所以，我同意刚才那位同学的话，在一个黑暗腐败的国家里，科学家要做成一些事情，是很难的。国家要发展，光有科学家的爱国热情是不够的……

【点评】

《詹天佑》一文体现了詹天佑的爱国之情，对于这一点，当今的学生理解起来看似轻松，实则不易。为此，薛老师在教学中采用了品词法、设问法和总结法，正是在一品一问一总结的过程中，薛老师引导学生体会到了詹天佑的爱国之情。

【案例 30】

《猫》是老舍先生写的一篇短小精悍、生动有趣的美文。《语文课程标准》倡导自主、合作、探究的学习方式，因此，课堂应让学生主动探究、团结合作、大胆想象。教育家第斯多惠曾说："教育的全部艺术在于激励、唤醒、鼓舞。"李秀英老师关于理解"丰富多腔"的情境创设让人耳目一新，颇有言有尽而意无穷之感。我们一起来看一看这一精彩教学片段。

特级教师李秀英《猫》

师：孩子们，猫的性格的确有些古怪，可它高兴起来，又是那么温柔可亲。找一找，课文里是怎么说的？

生："它会用身子蹭你的腿，把脖子伸出来让你给它抓痒。"

师：多有趣的猫啊！

生："它会在你写作的时候，跳上桌来，在稿纸上踩印几朵小梅花。"

师：多可爱的猫啊！

生："它还会丰富多腔的叫唤，长短不同，粗细各异，变化多端。"

师：多讨人喜欢的猫呀！同学们，长短不同，粗细各异，这就叫——

生：丰富多腔。

师：让我们试着学猫丰富多腔地叫唤吧！

师：当猫儿吃饱喝足后，它会心满意足地长叫一声：

生（拖长声音）：喵——

师：当猫儿在外面玩了一天一夜，疯跑回来时，它会短促有力地大叫一声：

生（短促地）：喵！

师：当猫儿遇到势均力敌的对手时，它会大声地粗吼一声：

生（高声地）：喵！

师：当猫儿跳上桌来，渴望得到主人的爱抚时，它会温柔地细叫一声：

生（尖细地）：喵！

师：这"丰富多腔"的声音是不是特别美妙？

【点评】

在教学中，李老师随时鼓励学生发现作者语言的美好之处，如当学生发现猫的动作时，她及时说"多有趣的猫啊！""多可爱的猫啊！""多讨人喜欢的猫呀！"同时，她注意启发学生发现作者刻画的猫的独特之处，如叫声的不同，"长短不同，粗细各异"。

同时，在上述片段中，李老师化抽象为具体，变生涩为生动，把猫叫声的“丰富多腔”演绎得如此出神入化，而又深入浅出，这不能不说是一种高超的教学艺术。独到的设计、巧妙的构思，令人耳目一新又过目不忘。

【案例 31】

苏霍姆林斯基说：“教师高度的语言修养，在极大的程度上决定着学生在课堂上脑力劳动的效率。”数学教学过程是信息交流和控制的过程，也是促进学生言语与思维发展的过程。思维是人脑对现实的反映，儿童的思维过程往往从惊奇开始。当惊奇感用语言的方式表现出来时，学生就开始明白，什么使他惊奇，并产生探究的心理。老师要尊重学生，注重保护儿童的惊奇感，并引导他们把惊奇感转化为求知欲，成为思维过程比较持久的推动力。我们来欣赏下朱乐平老师的教学片段。

特级教师朱乐平《分数的初步认识》

师：用 1 和 2，可以组成哪些不同的算式？

生：1+2=3、2+1=3；2−1=1；1×2=2，2×1=2；2÷1=2

师：有没有同学列出：1−2=？，1÷2=？

生：没有。

师：其他几道算式感觉都很舒服，这两道不是很舒服，1−2=？今天我们不研究；你能不能根据除法的意义，独立地、安静地想一想：1÷2 是什么意思？

（学生安静地想了约 2 分钟，开始有小手举起来，也有举起来一下，又有些疑惑地放下的）

生 1：一个苹果分给两个人，每人一半。

生 2：1÷2=0.5

师：你真了不起，知道 0.5。

（投影出示：被除数 ÷ 除数 = 商→ $4 \div 2=2 \rightarrow 2 \div 2=1 \rightarrow 1 \div 2=\frac{1}{2}$ ）

【点评】

在以上的教学过程中，朱老师引导学生分析思考，“用 1 和 2，可以组成哪些不同的算式？”于是，学生们纷纷发表自己的看法，由此老师开始引导学生思考回答，“1 ÷ 2 是什么意思？”在思考的过程，教师及时加以激励：“你真了不起，知道 0.5。”

朱老师的课堂上，提出的问题总是有足够多的思维空间，也有充足的思考时间。因此，在他的课堂上，学生有时间去独立思考，有时间去进行小组活动，有时间去回顾反思。

【案例 32】

课堂探究中，学生往往因自身的主观直觉，或受思维惯性影响，而生成他们自认为正确而实质上偏离真理的观点。对此，为了发挥反思在数学学习中的作用，教师不要急于发表观点，而应采用延迟评价、暂停教学的方式，给课堂留下短暂的空白，为学生提供闹中忽静、利于反思的空间，此时学生往往能够自主洞察到原先观点的错误之处。请欣赏潘小明老师在讲授《质数与合数》一课时的教学艺术。

特级教师潘小明《质数与合数》

（开课后，师生通过对话明确了“3 个小正方形可以拼成 1 种长方形”“4 个小正方形可以拼成 2 种长方形”“12 个小正方形可以拼成 3 种长方形”这几个结论。然后，课堂出现了如下场景）

师：同学们，如果给出的正方形个数越多，那么拼出的长方形的种数——你觉得会怎么样？

生（异口同声）：会越多！

师（装作没听清楚）：给出的正方形的个数越多，拼出的长方形的种数，大家的意思是说——

生（再次清楚、响亮、整齐地说）：越多！

（此时，教师一声不吭，课堂一下子沉静了下来。无声的环境，迫使学生再次投入思考……过了一会儿，学生间开始有点“骚动”。渐渐地，一些小手逐渐举起）

生 1：不一定的。

师（故意重复）：他说不一定，同意吗？

生（一部分学生）：同意！

师：说话要有根据呀！

生 1（情绪更加激动）：刚才 4 个小正方形能拼出 2 种长方形，而用 5 个小正方形却只能拼出 1 种长方形。所以，不一定给出的正方形的个数越多，拼出的长方形的种数就会越多！

师：说得很好，多有说服力的反例呀！

（至此，教学便转向了“正方形个数是什么数时只能拼 1 种长方形”这一承载“质数”概念的问题探究）

【点评】

在以上教学案例中，受前段学习的惯性延伸，学生对“给出的正方形的个数越多，拼出的长方形种数就越多”的结论深信不疑。在这种情况下，教师强制性地评价扭转显然是不理智的，通过对学生的回答保持沉默，让学生再次思考，潘老师的这种做法很值得借鉴。

反问：“你觉得会怎么样？”引导学生思考拼出的长方形的种数。接下来，将错就错：“大家的意思是说——”老师开始一声不吭，让学生思考，强迫他们思考自己的想法准确与否。最后，重复质疑：“他说不一定，同意吗？”将学生的思维激活，使教学转向对问题的探究。

总之，潘老师的这节课，让我们联想到中国画里常用到的一种艺术手法——留白。美丽的画卷上，正是那空出的一片洁白才令人浮想联翩，感觉妙趣横生。而教学同样是门艺术，作为“思维的体操”——数学，更需要这样的“留白”。正是这样的巧妙“留白”，给了学生反思的机会，才使得课堂现场的偏颇观点得到了自主纠正。真可谓精彩的“留白”！

七、引领良好的学习习惯

【案例 33】

俞国娣老师执教《信》一文时，在引入新课后，安排学生自读课文，有不少学生读了一遍之后，按照平时的习惯，自然地就停了下来。此时，俞老师既没有忙于展开下一个教学环节，也没有直截了当地告诉学生应该怎么做，而是不露声色地说了句：“读书时，如果老师没叫停，我们就应当抓紧每一分每一秒，把课文读通读熟。”这种适时而巧妙的点拨，显得极为自然，而又不留痕迹。这是教师对学生学习习惯的引领。我们来看这一精彩教学片段。

特级教师俞国娣《信》

师：我还替谁写信了？读一读课文，画出“我替谁写信”的句子，想一想写信是要告诉一件什么事？还有，这节诗里哪些词你最喜欢？圈出来。

（学生自学。有些同学画好了以后，开始东张西望，俞老师在指导学生自学时发现了这一现象）

师（来到一位读得很投入的同学身边）：这位同学很会学习，画好了就在那儿认真地读课文。

（不一会儿，二年级的小朋友心领神会，教室里又响起了朗朗的读书声。）

师：小朋友们，自学好了，老师请同桌互相说一说“我替谁写信”，是要告诉一件什么事？

（同桌你说我听）

师：小朋友，三到五小节里面你最喜欢哪个词语？

生：姹紫嫣红。

师：“姹紫嫣红”是写什么的？你看，这就是“姹紫嫣红”。（屏幕出示“姹紫嫣红”七彩的字）这就是姹紫嫣红的花。（屏幕出示姹紫嫣红的花园）你还想到哪些表示颜色多的词语呀？

生：万紫千红。

生：五彩斑斓。

生：五颜六色。

师：小朋友，你还在哪儿见过“姹紫嫣红”的花？

生：我在荣昌广场的花坛里看到了姹紫嫣红的花。

生：我在奶奶家的庭院里见到了姹紫嫣红的花。

生：春天到了，我在学校的花坛里看见了姹紫嫣红的花。

师：你们说得真好！谁来读读这小节诗？

（生个别读，齐读）

师：你觉得还可以给谁写信告诉他花已经姹紫嫣红了？

生：可以给蝴蝶写信。

生：可以给微风写信。

师：让我们都来当一回小诗人，学着诗的样子写一写。（屏幕出示：替花朵写信，请快来，花已姹紫嫣红）

（生在作业纸上独立仿写）

师：来，小诗人们，把你们写的诗读给大家听一听吧！

生：替花朵给蝴蝶写信，请快来传播花粉吧，花已姹紫嫣红。

生：替花朵给清风写信，请快来把我的香味带给大家吧，花已姹紫嫣红。

生：替花朵给小朋友写信，请快来看花吧，花已姹紫嫣红。

师：把“看花”改成“赏花”就更美了。

生：替花朵给春雨写信，请快来给我洒水吧，花已姹紫嫣红。

生：替花朵给露珠写信，请快来翻跟斗吧，花已姹紫嫣红。

（听课的老师情不自禁地鼓起了掌。俞老师也惊喜万分）

生：替花朵给小画家写信……

生：替花朵给孔雀写信……

生：替花朵给花农写信……

【点评】

对于小学生来说，学习语文最好的方法莫过于读读、画画、背背，这是语文积累的一个重要的方法。俞老师在教授《信》这课中，就是让学生在读读、画画、写写的过程中，学会用词，学会造句。

对于二年级学生“很喜欢”但又“不懂”的词语——“姹紫嫣红”，教师并没有抽象地加以解释、说明，而是耐心地予以引导，通过“找—读—说—看—运用”，环环相扣，步步深入，化生涩为具体，充分体现了教师高超而又不留痕迹的引领艺术。

八、培养学生的创造力

【案例34】

数学史对于揭示数学知识的现实来源和应用，对于引导学生体会真正的数学思维过程，创造一种探索与研究的数学学习气氛，对于激发学生对数学的兴趣，培养探索精神，对于揭示数学在文化史和科学进步史上的地位与影响，进而揭示其人文价值，有重要意义。特级教师丁杭缨执教的《分数的意义》一课，在启发教学中就体现了这种数学思想。下面让我们来看一看。

特级教师丁杭缨《分数的意义》

片段一

丁老教师直接说："今天这节课，我们要来研究分数。分数是怎么产生的，分数到底是什么，学了分数有什么用呢？"她一边问一边板书。学生此时被丁老师问得一愣一愣的，一下子不知从何回答。其实，此时的丁老师也不要求学生回答，她继而话题一转，说："我们只要带着这样的问题来学习，就会有不一样的收获的。"

片段二

丁老师就在课开始的三个问题的带动下，展开了一堂课的教学。首先，分数是如何演变来的。她利用多媒体出示古埃及造金字塔的图片，在测量中产生，继而介绍了几个国家古时候书写分数的情况。利用短短的两三分钟时间，把分数的演变过程展现在学生的面前。

接着，利用四幅图重点研究了"分数是什么"的问题。出示四幅图：一个圆平均分成 4 份、12 个五角星、8 朵花、一条 1 米线段平均分成 4 段。要求在每一幅图上表示出$\frac{1}{4}$，而后交流比较，利用多媒体出示："一个物体、一些物体都可以看作一个整体，通常把这个整体就叫作单位'1'。"然后，安排了两题针对性地进行练习："说说每句中分数的意义。""用分数表示空白部分。"

片段三

在这个环节，丁老师安排了两道题：一是"任选一幅图表示出它的$\frac{5}{6}$。"（这些图中都是○，只是其个数不同，有 12 个、6 个、3 个、18 个）要求：最好能用简单的算式来表示。二是"猜一猜，浙江省面积占全国面积的几分之几？"教师出示了中国地图，让学生先大致估计了一下，说："我这儿也没有正确答案，回去查一下，那应查哪些资料呀？"学生纷纷说："应查出全国的面积和浙江省的面积就行了。"

【点评】

授课开始，丁老师直接设疑："分数是怎么产生的？分数到底是什么？学了分数有什么用呢？"如此突兀的问题，势必让学生质疑，但她正是在此基础上，引导学生带着疑问去探究，去学习。

接下来，丁老师运用一系列的图例，为学生解决了第一个问题，对于第二个问题，则用图示的方法，同时辅以相应的针对性练习，让学生深入理解。在练习两道针对性的题时，丁老师用问题引导学生应在课外主动探究。

此外，在授课过程中，丁老师在教学"分数单位"时，在小结得出"分数单位"名称后，并没有停止，而是继续问："关于单位，你还知道有哪些单位？"学生的思维马上又被启动，"长度单位""面积单位""整数有计数单位"……"分数也一样有单位，就是分数单位。"就这么一个问题，梳理了从进入校园开始学到至今的有关单位的知识网，完善了学生的知识结构，以达到举一反三，触类旁通的实效。

九、对比教学，启发智慧

【案例35】

《小数除法》这部分内容的知识技能目标是让学生通过自主探索掌握小数除法的一般计算方法。而这部分内容与整数除法密切联系。王凌老师在教学中并没有直接讲授小数除法的计算方法，而是让学生尝试计算，然后引导学生从已有的知识经验出发，智慧地运用对比的方法，自然地将小数除法的知识嵌入知识结构中。

特级教师王凌《小数除法》

片段一

师：同学们，有没有买过东西呢？在买东西时顾客经常讨价还价，下面我讲一个关于还价的真实事情：

商贩在卖苹果，一个顾客问："老板，多少钱一斤？"

商贩说："一块五一斤。"

顾客说："太贵了，这样吧。5 块钱 3 斤卖不卖？"

听到这里，你们有什么想法？

小贩想都没想，说不卖。

师：大家有没有听出什么好笑的？

生：没有。

师：大家再听一遍。

（生得出，一斤 1.5 元，3 斤就是 3×1.5=4.5（元），只要 4.5 元就行了，5 元比 4.5 元还要多）

师：类似这样的购物问题，既可以用小数乘法解决问题，也可以用小数除法解决问题，这节课我们就来学习小数除法。

（揭示并板书课题：小数除法）

片段二

师：像刚才这类购物情况，其实在我们生活中很多很多，请看（电脑出示情境图）这里面的情境。根据图中的对话，你了解了哪些信息呢？

生：我可以算出四盒牛奶一共多少钱。

师：怎么算？我有 2 元，能不能买一盒牛奶呢？

生：能，6.8 除以 4。

师：我们可以先估算一下吗？

生：1 元多。

师：你是怎么估算的？

生：因为 6 除以 4，商应该是 1 元多。

（出示：买 3 块月饼 8.7 元，平均每块月饼几元多一些？买 5 支同样的牙膏共用 52.5 元，每支牙膏几元多一些？）

（学生说出估算方法）

师：刚才，我们知道 2 元可以买一盒牛奶，但还要找钱的，要知道找多少钱，必须先算出什么？ 6.8 ÷ 4 是小数除法，你学过吗？

生：没有。

师：那你能自己想办法算出 6.8 ÷ 4 的商吗？

（学生试做）

（师让做好的两位同学上台演示，出现余数有小数点的，还有一种没有小数点的）

师：这两种算式有没有不一样？

生：一个有小数点，一个没有小数点。

师：2.8 是怎么得出来的？

生 1：6 除以 4 余下的。

师：2.8 除以 4，你可以想成是多少？

生 1：28 除以 4。

师：没有小数点的同学，你上来说一说。你这个 28 表示什么？

生 2：就是 28 角。

师：这两种都是 28 角，那哪一种比较科学一些呢？

生：第一种。

师：第一种结果是 1.7，这里为什么要加小数点？

生：结果 17 是 17 角，因为要用元做单位，所以要加小数点。

师：你们确定这个 1.7 元是对的吗？如果有人怀疑，怎么办？

生：验算。

（学生口头验算）

师：刚才我们在做这道小数除法题时，分别是以元和角单位来计算的。其实，不用元和角我们也可以计算。因为小数当中就有单位，大家请看。8.8 其实就是由 8 个 1 与 8 个 0.1 组成的。

（说说 8.847 的组成）

（出示：8.847 ÷ 3）

（学生自己借助小数单位，算 8.847 ÷ 3）

（学生动手算，师让一位同学演示）

师：做对的，举手。

师（指第一步算完余下的数和十分位上的 8 组成的 28）：这里的 28，表示什么？

生：28 个 0.1。

师（指商在十分位上的 9）：9 表示什么？

生：表示 9 个 0.1。

师（指第二步余下的 14）：14 表示什么？

生：14 个 0.01。

（最后再问，商这里为什么要加小数点）

师：刚才我们用元做单位时，所以要加上小数点。这里，你能用计数单位来说一说吗？小组内说一说。

师：谁说一说？

生：整数部分除以整数，因为整数部分是以个为单位的，所以最后的单位应该还是个。

师：还要注意一下，在计算时，商的小数点要与下面被除数的小数点对齐。

师：大家想一想，小数除法与整数计算方法一样吗？

生：一样的。

师：有什么不一样的吗？

生：要注意在商里加上小数点。

师：现在会做了吗？

生：会了。

【点评】

相对于整数教学，小数除法的教学会复杂一些，学生的理解也会难度稍大一些。在教学中，王老师从生活入手，结合生活情境，让学生体会小数除法的计算。

在学生初步掌握了小数除法的计算方法之后，王老师引导学生进一步探索小数除法的算理，并在王老师的引导下，通过观察、思考、辨析、总结等形式使学生深刻理解了小数除法的算理，掌握了小数除法的计算方法，也提高了学生解决小数除法实际问题的能力。

第三章

语言艺术，幽默教学

教学语言艺术是指教师创造性地运用语言进行教学的艺术实践活动。它是教师教学表达艺术的最重要的组成部分，是提高教学质量和效率的重要保证。17世纪捷克大教育家夸美纽斯曾形象地指出："一个能够动听地、明晰地教学的教师，他的声音便该像油一样浸入学生的心里，把知识一道带进去。"苏霍姆林斯基关于教师教学语言艺术的见解十分深刻："假如在语言旁边没有艺术的话，无论什么样的道德训诫也不能在年轻人的心灵里培养出良好的高尚的情感来。"他认为"教师的语言是一种什么也代替不了的影响学生心灵的工具"，教师"高度的语言修养是合理利用教学时间的重要条件""在很大程度上决定着学生在课堂上的脑力劳动的效率"。可见，作为教学必不可少的重要手段及工具，教学语言直接影响着教育、教学效果。

苏联著名教育家维特洛夫曾指出："教育家最主要的，也是第一位的助手是幽默。"教学幽默是教学艺术的一种特殊表现形式，它富有情趣、意味深长，能够灵活、巧妙地实现教师教育、教学的意图，将教学引向成功。它是教师性格、修养、智慧的表现，是教师十分重要的思维品质和特殊本领。它能"使教学过程更轻松，更有乐趣，更有效"，具有很高的教学审美趣味。

在名师课堂教学中，处处能看见"幽默"的身影。著名的特级教师于永正曾说："幽默是教学的得力助手。幽默可以使语文学习化难为易，幽默可以使课堂气氛和谐融洽，幽默可以使师生心灵对接沟通。老师笑着看学生，学生就会笑着看老师。"走进名师们的课堂，常常能够听到学生开怀大笑声。他们如珠的妙语，都是根据现场即兴生成的，诙谐风趣中带有极大的教育性，使人由衷地佩服名师们的教育机智。

走近名师，徜徉在大师们富含诗意、行云流水般的精彩课堂，欣赏充满激情与智慧的课堂教学语言，能使我们受益无穷。

一、提炼语言

【案例 36】

多年以来，许多语文教师一直把划分段落、概括段意、分析人物、归纳中心等当作语文教学的主体内容，把语文课相当程度地上成了一堂烦琐的内容分析课。特级教师黄亢美一直认为语文课必须突出其本质特性，特别是阅读教学课，更是要念好“三品”“三层次”“三境界”和“三维度”的“三字经”。因而，他的阅读教学课总是充盈着浓浓的“语文味”，品味词句成为他阅读教学十分耀眼的亮色。以下是黄亢美老师执教《守株待兔》一课的教学片段。

特级教师黄亢美《守株待兔》

（在品读课文第二自然段中“种田人白捡了一只又肥又大的野兔，于是，就乐滋滋地走回家去”时，教者引导同学们做了如下的词句比较：

他乐滋滋地走回家去。

他乐悠悠地走回家去）

师：“乐滋滋”与“乐悠悠”在字形上有什么区别？

生：“乐滋滋”的“滋”是三点水旁，“乐悠悠”的“悠”是心字底。

师：从这两个 ABB 式的形容词不同的形旁，你能推断出它们不同的词义吗？

生：“乐悠悠”的“悠”是心字底，说明心里高兴，悠闲自得的样子；而“乐滋滋”的“滋”是三点水旁，与水有关系。

师：这里的“水”会是什么水呢？想想，种田人白捡了一只又肥又大的野兔，看着看着，这时什么流出来了？

生：口水流出来了。

师：“滋”是指滋味，有滋味了就会流口水，“滋滋”连用说明——

生：口水流得很长。

师：说得好。那么，是用“乐滋滋”好还是用“乐悠悠”好呢？同桌讨论一下，要注意联系前后文来理解。

生1：因为前面写他“白捡了一只又肥又大的野兔”，这个野兔不但是“白捡”的，而且是“又肥又大”的，想到马上就可以煮着吃了，所以口水就流了出来，因此，课文里用“乐滋滋”这个词好。

（先后有三位学生发言，大意相同，而且都能联系“白捡了一只又肥又大的野兔”这一句子来品味“乐滋滋”这个词）

师：说得真好！他“乐滋滋地走回家去”是因为他——

生：“白捡了一只又肥又大的野兔。”

师：因为他“白捡了一只又肥又大的野兔”，所以他才——

生：“乐滋滋地走回家去。”

（师出示课件，生齐读灯片中有关读写例话的语词：阅读时要注意词语之间的联系；写作时要选择有联系的词语）

师：词语理解了，能够读出他垂涎欲滴的情态吗？

生2：“他白捡了一只又肥又大的野兔，于是，就乐滋滋地走回家去。”（读得较平淡）

师：他读得怎样？（生：平淡）要读好这句话，关键是要读好“又肥又大”和“乐滋滋”这两个词。特别是读“乐滋滋”这个词，要使人仿佛看到他的口水流出来一样。谁再来读读？

（生3读得稍好，前一“滋”重读略拉长，后一“滋”比较轻短）

师：读得怎样？是不是流出一点口水了？（众生笑，认可）还有哪位同学读，看看能不能让人听起来口水流得比这位同学的还要长。

（生4读得更好，前一“滋”重读拉得更长）

师（打趣地）：哟——口水流出有一尺长啦。（众生大笑）

师：这个种田人捡了一只兔子，就想天天捡兔子吃，于是，他丢下了锄头，整天坐在树桩上等着，看有没有野兔再跑来撞死在树桩上。这个种田人是男的还是女的？

生：男的。

师：“男”字是什么结构？

生：上下结构，上田下力。

师：为什么“男”字用“田”和“力”组合而成？

（多位学生发表了自己的看法，师最后依据“男”字的字理并综合同学们的意见，用顺口溜概括了“男”字的形义：

田加力，组成男，

田间出力好儿男；

男字读音又通难，

男子汉就不怕难）

师：同学们，这个种田的“男”人，他不在“田”间出“力”了，而是整天去守野兔了，他还像个“男”子汉吗？

生：不像男子汉，像个懒汉了。

师：他不劳动又想有收获，用一个词来说是什么？

生：不劳而获。

师：大家仔细看看“获”字怎么写，为什么由这几部分组成。

（教师提示“收获”的“获”原写作“穫”，特指收获稻禾；

“捕获”的“获”原写作“獲”，特指猎人带犬打猎而捕获兽类，现已简化统一写为“获”。如何识记这个简化字的形义呢？在教师的引导下，学生依据词义和自己的想象灵活识记为：要想收“获”粮食，就必须去种庄稼，所以“获”字有个“艹”；要想有兽肉吃，就必须带“犬”去打野兽，所以“获”又由“犬”和“犭”组成）

师：这个种田人既不去种庄稼，也不带猎犬去打猎，最后的结果如何呢？

生：野兔再也没有得到，田里也渐渐地长满了野草。

（教师课件中的“获”字先后擦除掉了“犬”“犭”以及“艹”）

师：一样都没有收获，用一个词语来说就是——

生：一无所获。

【点评】

黄老师很注意让同学们品读作品的词句，这凸显了阅读教学以读为本、以读代讲的特征。黄老师引导同学们从“不劳动又想有收获”提炼出“不劳而获”，从最后“一样都没有收获”提炼出“一无所获”，也是一种很好的语言训练方式。在整个教学过程中，黄老师依据汉语文字的特点，引导学生对字、词、句进行品读和概括训练，使学生对文本语言有了更深的理解和感悟，工具性与人文性在这里得到了很好的统一。

二、抑扬顿挫，声情并茂

【案例 37】

《我盼春天的荠菜》是一篇非常优美的散文，写了旧社会农村的一个穷苦孩子“我”以野菜充饥，以挖野菜为乐的故事，抒发“我”对荠菜的特殊感情，反映了“我”对自由富足生活的向往，也从另一个侧面揭露了财主的罪恶。

课文内容离学生的现实生活较远，如何让学生理解、体会作者对荠菜的特殊的感情，引起情感上的共鸣？如何让学生感受到旧社会穷苦孩子的艰苦生活，领悟自己的生活是多么美好，懂得珍惜现在的幸福生活？这是一个教学难点。但特级教师张祖庆做到了，还用挥洒自如的教学语言艺术令学生和听课老师久久不能忘怀。

特级教师张祖庆《我盼春天的荠菜》

师：夜色越来越浓重，小动物都已经回到妈妈的身边，但是女儿却久久没有回到家。母亲在村口会怎样焦急地呼唤？她在担心些什么呢？又冷又饿的小张洁，孤独地在田野里游荡，她听到了母亲的声声呼唤，此时此刻，她在心里又会对母亲说些什么呢？

（低沉凄凉的《神秘园·夜曲》音乐声响起，教师采用填空的方式让学生续写妈妈和女儿心里想说的话）

“孩子，你怎么还不回家啊？”

“妈妈，不是女儿不想回家啊！”

师（四分钟后）：孩子们，让我们停下手中的笔，一起走进那个无比寒冷的黄昏，一起走进那片让人恐惧的田野。（对着屏幕深情地）“田野里升起了一层薄雾，夜色越来越浓，周围静得可怕。我听见妈妈在村口呼唤着我的名字……”妈妈是怎么呼唤的呢？

生1（读妈妈的话）：“孩子，你怎么还不回家呀？要知道，妈妈每时每刻都盼着你回来。妈妈知道你饿，可是我也是没法子啊！孩子，回来吧，毕竟这儿是你的家。”

师：妈妈的声声呼唤，小女孩都听到了，可是她不敢回答，她多想对妈妈说——

生2（读女儿想对母亲说的话）："妈妈，不是女儿不想回家，因为女儿实在太饿了，所以才放弃了自己的尊严，去财主家的地里掰玉米棒子，他们追赶我，我被迫跳进了河水里，追赶我的那些人都是冷血动物啊！女儿不敢回去，是怕看到您那哀愁的眼睛啊……"

（台下掌声响起）

师：多么心酸的话语啊！可是，这样的话语妈妈没有听到，她只能一次又一次呼唤她的女儿——

生3（读女儿想对母亲说的话）："孩子，你怎么还不回家啊？是不是……"

（在老师的引发下，共有六位学生进行了角色变换的叙说，而且越说越动情）

师：孩子们，此时此刻，女儿有满肚子的话想跟母亲说，想把她所有的遭遇、所有的委屈、所有的伤心向她的妈妈倾诉。可是她不敢！更不忍心让妈妈知道！就让我们一起替这个可怜的小女孩向她的母亲倾诉吧！

（学生以小女孩向母亲诉说遭遇的方式，齐读大屏幕中呈现的有所改动的第八自然段）

【点评】

从张老师的课上，我们看到一位教师生动的教学语言的美好境界：他的问答语言，善于巧设机关，一问一答之间有柳暗花明之巧；他的讲述语言，如行云流水，充满着诗意和内涵；他的讲解语言，似春风化雨，渗透孩子们的心田；他的朗读语言，抑扬顿挫，声情并茂，使孩子们如沐春风，得到美的感受，受到心灵的启迪。

三、引导学生自主探究

【案例 38】

苏霍姆林斯基说："语言在很大程度上决定着学生在课堂上脑力劳动的效率。"教师杰出的语言艺术，不但能教给学生新的知识，还能让他们学会探索发现知识的方法，发挥主观能动性，增强学习效果。

著名特级教师徐善俊在讲授《将相和》时，提出了"渑池会上的斗争到底是打成了平局还是决出了胜负"的问题，引起了学生思维之潮的奔涌，掀起了课堂教学的高潮。

特级教师徐善俊《将相和》

师：同学们读书很认真。老师这儿还有个非常有意思的问题和大家讨论。渑池会上的斗争是打成了平局，还是决出了胜负？为什么？请大家带着问题默读第二段。

生 1：是打成了平局，他们都演奏了乐器。

生 2：赵王为秦王鼓瑟，秦王也为赵王击缶，一比一，所以说是打成了平局。（大多数学生都同意这一种意见）

师：请同学们再读一读，再想一想，还有什么意见？

生 3：我认为决出了胜负，是赵国胜了。

师：为什么？课文中有什么依据？

生 3：因为秦国的力量比赵国强。

（持两种意见的学生发生了争执，课堂气氛相当热烈）

师：同学们，老师做两点提示，请大家再仔细读书，认真思考。一、秦国比赵国力量强大，秦王是大国之王。二、秦王是一国之主，而蔺相如只是大臣。

生4：我认为是赵国胜利了。因为秦国是大国，赵国是小国。小国的王为大国的王演奏乐器，大国的王也为小国的王演奏乐器，比较起来，大国的王显得更难堪。

生5：我认为是赵国占了上风。因为赵王鼓瑟是秦王叫鼓的，而秦王击缶是蔺相如叫击的。秦王是君，蔺相如是臣，这样也显得秦王输了一筹。

生6：我再补充一点，瑟是古代的一种弦乐器，声音悦耳动听。缶是打击乐器，形状像个瓦罐子，声音单调，是配合瑟演奏的。赵王可以鼓瑟，而秦王只能击缶，两相比较起来，秦王更显得丢人。

【点评】

徐老师于无疑处生疑，把教师的教学活动内化为学生自主探究的智力活动，使学生产生了主动学习的欲望。而当学生思维停滞、堵塞时，徐老师就适时诱导学生调理、疏通自己的思维，使学生在讨论中得出答案，有效地培养了探究意识，为良好的学习心理品质的形成打下了坚实的基础。这一驾驭教学语言、演绎课堂语言艺术的教学过程，也给我们带来了很大的启示。

四、培养学生良好的语感

【案例39】

朗读使语文成为有声的艺术品，使学生不再面对死寂的抽象符号。语文教学应“以读为本”，但重视朗读，绝不只是让学生机械反复地读，还要有教师艺术的富有变化的指导参与进来。这些指导无疑都是十分精彩的教学艺术。

名师李卫东《可爱的草塘》

师：这个“浪花”实际上是什么呀？

生：是芦苇，是蒲草。

师：好。（接着读）"仔细瞧那浪花，近处的呈鲜绿色，远一点儿的呈翠绿色，再远的呈墨绿色，一层又一层，最后连成一片，茫茫地跟蓝天相接。"（停了一会儿）看到草塘的同学请你点点头。

（学生都点了一下头）

师：刚才谁把你带到草塘里去了？

生：是老师，老师通过有关草塘的朗读把我们带到草塘里去了。

生：是作者。

生：是小丽。

生：还有我们的想象。

师：对，还有你自己。你要用心去想象，这样才能进入课文描写的情景中去。你说对吗？

生（有所顿悟）：对。

师：刚才是师生合作，现在你自己一边读一边想象，到草塘里去看一看。

（学生自己读课文想象）

师：这个草塘的特点是，用文中的两个字来说是——

生（齐说）："大"和"美"。

师：现在你最想做的一件事是什么？

生：读课文！

师：请你在这三句话中，选择你感受最深的一句话来读。

生1："浪花翠绿翠绿的，绿得发光，绿得鲜亮，欢笑着，翻滚着，一层赶着一层涌向远方。"我感受到草塘里的草翠绿翠绿的，绿得发光，绿得鲜亮，它的颜色非常美。

生2："欢笑着，翻滚着，一层赶着一层涌向远方。"我觉得那儿的草又绿又多，像浪花一样，风一吹，一层赶着一层涌向远方，很美。

师：如果让你来找这句话里用得最好的一个词语，你会找哪一个？

生3：我找“欢笑着”。因为我从这个词里能看出，这些草在风的吹拂下一上一下的，非常活泼欢快。

生4：我选“一层赶着一层”，这里的草很多，“一层赶着一层”就写出了一层又一层的野草，是追着跑着涌向远方。

生5：“这么大这么美的草塘，我还是第一次看到，走了进去就像置身于大海中一样。”我的感受是这草塘非常大，这里的草非常非常多。

【点评】

当读书变成学生一种自发的要求时，学生就会全身心地投入到与文本的对话中。于是，李老师让学生选择自己感受最深的一句话来读，学生纷纷交流了自己的读书感受：“我感受到草塘的颜色非常美”“我觉得那儿的草又多又绿”“我觉得草塘非常的大”……学生在反复诵读的同时，不但读出了草塘的美丽与可爱，读出了自己独特的感受与体验，也读出了语言文字的神韵，读出了作者内心充沛而细腻的情感，也为培养良好的语感奠定了扎实的基础。

五、愉悦气氛，调动积极性

【案例40】

周治平老师讲解古诗《暮江吟》时，以让学生自己提问的方式促进学生思考，同时给予一定引导，通过绘制图片来讲解古诗的含义，解答学生的疑惑，使诗中描绘的景象霎时间在学生的脑海中出现，印象深刻。他讲课的形式多样，方法新颖，令人耳目一新。

学生在这样别开生面、妙趣横生的课堂上始终处于主动的学习和想象之中，学习效果大大提高了，教学任务也轻松愉快地完成了。

特级教师周治平《暮江吟》

师：请同学们朗读古诗《暮江吟》中的“一道残阳铺水中，半江瑟瑟半江红”。把读不懂的地方提出来，共同磋商。

生：平时我们描写太阳常常用“一轮”，这首诗里为什么用“一道”呢？

师（用红粉笔在“道”字下面画了一个大问号）：是呀，为什么不用“一轮残阳”，而用“一道残阳”呢？难道是伟大诗人——白居易用词不当吗？请大家发表自己的看法。

生：大概因为夕阳是残缺的，所以用“道”吧！

师：既然夕阳一半下山，一半没下山，为什么不用“半轮”残阳呢？（生笑）

师：“道”作为量词时，常和哪些词搭配呢？

（老师降低难度，从“道”字入手，要求学生组词）

生：一道难题，一道关口。

生：一道山，一道水……

生：一道光线。

师：同学们自由读一遍古诗“一道残阳铺水中”，然后结合语言环境想一想，“铺”在水中的到底是什么？

（老师要求学生边读边思索）

（老师在“铺”字下面画了一个圈，然后画了一幅简图，图中用红粉笔写了“铺”字）

生（读文，看图，异口同声地）：原来铺在江面上的是残阳的光，而不是残阳本身。

师：对，夕阳的余晖从地平线上一道道地射过来，几乎与江面平行，就像一床巨大的彩色地毯，铺天盖地，蔚为壮观。诗人用一个“铺”字就把这意境生动形象地表现出来了。

生：因为铺在江面上的并不是夕阳，而是夕阳所发出的光，所以描写夕阳的光应该用“道”，而不应该用“轮”。

生：因为铺在水中的并不是指残阳，而是指残阳发出的光。

师：古诗中，由于受格律和字数的限制，常常会省掉一些字。如张继的《枫桥夜泊》中有一句“江枫渔火对愁眠”，应为“江枫渔火对愁眠人”，这句“一道残阳铺水中”应为“一道残阳光铺水中”，但因受格律诗每句七字的局限，所以只能将“愁眠人”略写成“愁眠”，“残阳光”略写成“残阳”。

生（恍然大悟）：哦！

师：请同学们再巩固性地读一读。

师：请同学们用比较法把“铺”换成：盖、射、映、照，各读一遍，体会一下。

生：这个“铺”字用得妙极了。换成别的字就不够味，差多了。

生：这个“铺”字，运用了拟人的手法，使人读后顿感大气磅礴，不同凡响。

生：用这个“铺”字，把静态动化，生动、形象地描绘出了大自然的奇观。

师：下句“半江瑟瑟半江红”，谁来解释一下呢？

生：夕阳照在江面上，把江水分成两半，一半是绿色，一半是红色。

师：这是多么美丽的奇观，那么，江面为什么会呈现出半边绿半边红的景象呢？

生：也许是因为夕阳的光被树木遮住了，被江堤挡住了。

生：可能是夕阳接近地平线，江面只有半边照得见阳光吧。

师：不少资料上的解释正如同学们讲的一样，但客观事实并非如此。一次，我从庐山下来在九江候船，信步长江边，碰巧见到了这一番景象。我站在A点，在我目光和阳光相接触的视阈内（△ABC）呈红色，而另一部分（△ACD）反而是绿色。这纯粹是眼睛在捉弄人，并非是夕阳忽然间把江水染成了红、绿两色。夕阳可没那么大的神通！

（生笑，好奇地听着）

师：我站在江边，眼看着夕阳西下的美景，此时此刻，感慨万千，便脱口吟出了："好一个半江瑟瑟半江红！"并且马上联想到白居易的另一首《忆江南》中"日出江花红胜火"的诗句，说："难道日落江花不也同样是红胜火吗？"面对残阳如血，江水尽染，浮光跃金的画面，我像诗人白居易那样，久久地凝视江面，陶醉在大自然之中，觉得天地间浑然一体，红绿相间，动静结合，色彩明丽，巧夺天工，妙不可言。不信，请同学们在农历九月初三时，趁落日的余晖，到汉江边去亲身体验一下，你就会明白的。到时候别忘了把观察的结果告诉我。

（生跃跃欲试，有的点头，有的鼓掌）

【点评】

教师口若悬河，妙语连珠，风趣幽默，既给人一种美的享受，又解答了学生的疑惑，完成了教学目的。

"难道是伟大诗人白居易用词不当吗？请大家各抒己见。""既然夕阳一半下山，一半没下山，为什么不用'半轮'残阳呢？""对，夕阳的余晖从地平线上一道道地射过来，几乎与江面平行，就像一床巨大的彩色地毯，铺天盖地，蔚为壮观。""面对残阳如血，江水尽染，浮光跃金的画面，我像诗人白居易那样，久久地凝视江面，陶醉在大自然之中，觉得天地间浑然一体，红绿相间，动静结合，色彩明丽，巧夺天工，妙不可言。”这里，教师既是在直抒胸臆，也是引导学生的一种手段。这些连珠妙语，都会起到潜移默化地影响学生的作用。

教师平时如果不刻苦自学，日积月累，就不可能有如此动人的讲解。

【案例 41】

扎实的基本功、灵活的教学手段、机智的课堂应变能力、良好的教育素养，既是名师们能够轻车熟路地驾驭学生的原因，也是他们能上出一堂好课的一大保障。如特级教师钱希有在执教《克的认识》一课时，用他的幽默调动了二年级学生参与的积极性，使学生学得快乐，老师也教得开心。

特级教师钱希有《克的认识》

片段一

师：你想了解老师哪些方面？

生：你出生于哪里？

师：火腿产在哪里？

生：金华的。

师：对，我跟火腿一样都是金华的。

片段二

他称小孩子为“解放军”，这可神了，因为当时二年级的小孩子们最敬佩解放军了。

“你们坐得可好了，个个都像解放军一样。”

“你们都是解放军，有男解放军和女解放军。”听老师这么一说，小孩子们可精神了。

当孩子们思想开小差或坐得不好时，钱老师会幽默地说：“有两个解放军开小差了。”“请闭上嘴巴！”“请检查你的小手！”“请检查你的屁股！”

【点评】

“对，我跟火腿一样都是金华的。”是不是很幽默？风趣幽默的解释和提醒增强了钱老师教学语言的艺术感染力，也让学生们在快乐的谈笑风生中领略知识的真谛。钱老师的语言有趣诙谐，亲和力很强，使课堂轻松活泼。

【案例42】

要我们的学生在课堂上“入境”，而不是入睡，教师应不断地提高自己的语言修养，探索与研究如何在教学中有效地运用幽默语言。教师要提高自己的教学幽默艺术水平，必须首先使自己变成一个富有幽默感的人。请看特级教师赵志昇是如何做的。

特级教师赵志昇《念奴娇·赤壁怀古》

师：同学们好！

生：老师好！

师：请坐。今天我和同学们一起来学习苏轼的《念奴娇·赤壁怀古》。请大家告诉我，你们喜欢这首词吗？

生：喜欢！

师：喜欢。好！我们就来学习。

师：请大家来看一看，看课本。有人说苏轼的这首词要关西大汉来读，可惜我没那么壮。我来读读看，好不好？

生：好。

（师读，生鼓掌）

师：谢谢。我想请同学们一起读一遍，好吗？

生：好。

（众读）

师：好，总的来说，大家读得很有气势，尤其是男生。

【点评】

赵老师的课堂语言极其幽默。“有人说苏轼的这首词要关西大汉来读，可惜我没那么壮。我来读读看，好不好？”如此生动、有趣的语言，营造了一种愉悦的学习氛围，有利于集中学生的注意力，调动学生的积极性。

【案例 43】

幽默风趣的语言是课堂教学的润滑剂，其效果不言而喻。但我们不能为了幽默而幽默，应当用教学语言的基本要求来规范课堂幽默。幽默不可随意乱用，不能脱离教材的内容和课堂的实际需要。真正幽默的教学语言应具有深刻智慧，让学生在笑声中领悟教师的语言所蕴含的丰富知识和教学思想。

特级教师刘永宽《周长的认识》

师：二（7）班的小朋友真不错，刚才大家还不知道周长的意思，这个小朋友猜测以后，大家同意他的想法，就知道这么多图形的周长是什么了。下面有一片树叶（龟背竹），它也有一个面，这个面的周长谁能指出来？其他小朋友也仔细看一看，他指得好不好，指得好鼓鼓掌，指不好帮他指出来。

（一生上台指）

师：不但这八个图形的周长能指，连这个这么难也能指，真不错。下面，我们不但要知道周长是什么意思，还要知道周长有多长。还是以你自己喜欢的那个图形为例，想想它的周长怎么算。

（生思考后举手较多）

师：如果你刚才选得很简单，就挑个难点的想想怎么算；有些小朋友刚才选的是稍难的图形，那你可以想想简单的图形怎么办，都想想也行，用什么办法？

师：想好了吗？把你想到的办法告诉同桌。

（生与同桌说）

师：班里有很多同学想出了办法，哪个小朋友来说说用什么办法就可以知道三角形的周长？

生1：用软尺来量就可以知道。

师：干吗要用软尺？

生1：上面有1234……

师：有刻度的，一次就能量出来……

（有同学补充）

生2：用我们这种尺子来量，所有的边都量好再相加，有几厘米就是几厘米。

师：哦，听懂他的意思了吗？

生：听懂了。

师：用尺子量出这几条边（演示），再加起来，这个长度就是三角形的——

生：周长。

师：刚才这个小朋友用量的方法，那这个图（圆）能不能……

生3：用毛线把它围起来，再用尺子把它量出来。

师：听得懂吗？

生：听不懂。

师：你能不能再解释一下？

生3：用毛线把它围起来，再剪下来，量一量它有几米，这个圆就有几米。

师：听懂了吗？

生：听懂了。

师：那你说说看，什么意思？

生4：他说用毛线把圆围一圈，再剪下来，用尺子量一下，就知道了。

师：嗯，用毛线，（指着圆）这个用直尺直接量好量吗？这个是曲线，这个小朋友想到用线，毛线没有，我有绳子，你能试试看吗？

（学生演示）

师（帮忙）：剪下来后，这段绳子可量了吗？这段绳子的长度就是圆的——

生：周长。

师：还有吗？

生5：用量腰的东西。

师：什么？

生5：用软尺量一圈就知道了。

师：拿软尺子来一围，聪明！硬的不行就来软的。

【点评】

在探讨求各种平面图形的周长的方法时，教师不断制造认识冲突，鼓励学生动手、动口、动脑，鼓励学生从多种角度去寻求解决问题的策略。课堂上学生们争相发表意见，每个学生的个性与思维方式得到了充分展现，教师的积极鼓励也增强了他们的自信心。这体现了教师“不同的人在数学上得到不同的发展”这一全新的教学理念。课堂上，教师尊重学生的人格，真诚欣赏学生的想法，关注学生的态度、情感、价值观等。在教师的引导下，学生们想出各种各样求周长的方法，不但使本节课的知识得到了巩固、升华，而且为后继知识的学习打下了坚实的基础。

【案例44】

风趣幽默的俞正强老师把一堂似乎枯燥似乎严肃的《字母表示数》上得津津有味、其乐融融，给人以和风细雨、丝丝入里的感觉，让人大开眼界，真是精彩绝伦。以下是俞老师教学的几个片段：

俞正强《字母表示数》

片段一

师：请你用最快的速度画一只鸡。

（有的学生画得有模有样，有的就用草草数笔简单勾勒）

师：请你用最快的速度画一个人。

（学生们也有各种不同的画法，但画得最快的都是画得最简单的学生）

师：请你用最快的速度画一个你脑子里想的东西，并且告诉我们你画的是什么东西。

（一生画了一个圆，他说表示篮球）

师：请你用最快的速度画一个你脑子里想的新东西。

（一生画了一个“大”字型，说表示变形金刚）

片段二

师板书：$a+2$，$a-2$，$a\times2$，$a\div2$（a 表示信封中不确定的钱的数量）

师：你知道这四个算式中哪个是最特别的吗？

（学生说了三四种答案后，有一个比较聪明的学生指出是 $a\times2$，因为它可以写成 $a\cdot2$，还可以写成 $2a$）

师：为什么呢？

生（摇摇头）：我也纳闷，这不是约定俗成的东西吗？还有为什么？数学上有些东西是说不出为什么的。我也万分期待老师的回答。

师：你看这个算式（板书：$a\times2$），这样就容易搞混了，所以乘号“×”要缩成一团变成 $a\cdot2$，然后乘号“×”觉得缩成一团太累了，干脆就去休息了，于是就变成 $2a$ 了。

听到这样的解释，台上的学生和台下听课的老师都乐了。

片段三

（课的最后）

师：这节课老师送出了很多礼物，你们收到了吗？

生 1：没有什么啊！

师（笑骂）：没良心的东西。

（全场大笑）

生 2：我收到了和这么好的老师亲密接触的机会。

师（调侃）：我们亲密吗?

生 2（有些尴尬）：……

（师用手抚摸了一下他的头，以表示亲密程度）

（下课时）

师：散会！

【点评】

俞老师的教学语言，简洁明了，幽默风趣，再加上丰富的面部表情和形象的肢体动作，使人感觉这不是一节普通的课，而是一节真正意义上的视听大餐、豪门盛宴：在他的课堂上，我们时时都能欣赏到他高超的课堂语言艺术。

【案例 45】

什么样的课堂教学是缺乏生机和乐趣的教学？没有魅力的课堂教学。数学课不该是枯燥的公式、乏味的计算的堆积，它应是理性知识的探索与令人愉悦的情感陶冶的结合体，是魅力无穷的。比如，特级教师嵇宪长与学生的幽默对话，让学生产生“共振”效应，极大地丰富了老师的形象，使其更为可亲可敬！

特级教师嵇宪长《用字母表示数》

师：当我们遇到非常像的两个事物时，总是想办法把它们区别开来。例如x和×，谁有区分的办法，告诉大家。

（小组讨论）

生1：一般情况下，x在运算符号前或后，而×在数字或字母的中间。

生2:x上有小弯，而×就是两条斜线。

生3：我们在写的时候，可以把x写得稍微大一些，×写得稍微小一些。

师：刚才大家想出了许多不错的主意。有一个人也发现了刚才这些问题，他整日想啊想，不停地进行试验，把×写得小一些，发觉不行，再写得小一些……（师边说边写）最后把“×”写成了“·”。这个人认为自己的发明非常有价值，于是他向世界数学家大会写了封信，要求在全世界范围内推广使用。他的要求会得到批准吗？

生：不能，容易与小数点混淆。

师：同学们的担心和世界数学家大会想的完全一样，真了不起！但这个人并没有气馁，而是继续想办法，他心想：既然“·”容易和小数点混淆，那就干脆不要了。把4×x写成4x，*a*×x写成*a*x。于是，他又写了一封信陈述自己的想法。同学们，这一次他的想法能得到允许吗？

生4：我认为还是不能。因为这次虽然不会和小数点混淆了，但由于两个数中间的符号没有了，让人家看不懂，同样会引起混乱。

师：的确如同学们想的那样，这一次他的想法又未实现。现在请同学们猜一猜，他会放弃吗？

生：不会！

师：这个人真的很执着，他没有放弃，而是加上一个前提条件：只有当数和字母或者字母与字母相乘的时候“×”才可以写成“·”或直接省略不写，这样就不会引起麻烦了。现在请大家想想，他的愿望能实现吗？

【点评】

从改善与学生的对话方式入手，嵇老师把课堂动态的生成建立在师生民主平等、智慧幽默的对话基础之上。比如，例子里的人给世界数学家大会的三次写信，师生三次循序渐进、平等协商的对话，嵇老师均以宽容和欣赏的态度呵护学生的独特思维，使整个教学过程有互动、有猜想、有想象、有笑声、有赞赏、有惊奇、有疑问……变传统的“传话教学”为“对话教学”，由传统的“教案演绎”走向“互动生成”。幽默的课堂教学方法，无疑在催化学生的创新火花，使数学课堂变得格外精彩，焕发出生命活力。

【案例 46】

要想达到“善歌者使人继其声，善教者使人继其志”的教学效果，幽默是一种很好的教学手段，它不仅能融洽师生关系，还能激起学生浓厚的学习兴趣。不信，请看名师吴果《倒数的认识》是如何在导课中用幽默开启智慧之门的“金钥匙”的。

名师吴果《倒数的认识》

师：同学们知道我姓什么吗？

生：姓吴。

（多媒体出示“吴”字后，电脑动画闪烁，在美妙的乐声中，“吴”转眼间变成了“吞”）

师：哎哟，吴老师被“吞”掉了。

（学生开怀大笑，此时多媒体出示：吴—吞。两个“天”字同时闪动，接下来，两个“口”字同时闪动）

师：请同学们认真观察这组文字的构造规律，你能再写出几组类似的吗？

生：土—干，上—下，甲—由。（学生争先恐后地写出了许多组）

师：汉语中的文字有这样的构成规律，数学中也有这样的构成规律吗？如果有，请大胆地写在黑板上。

（开始只有一位学生到黑板上写，接着学生们一拥而上）

师：你能根据每组数的构成规律，给它取一个名字吗？

生：换位数，相反数，互为倒数……

【点评】

现代教育思想认为：要想使学生主动有效地进行学习，把教学活动视为自己的需要和乐趣，就要给学生创造一种和谐、融洽、宽松的教育环境，激发学生内在的学习需要。在这个导入片段中，教师跳出数学教学，别出心裁地创设有趣生动的教学情境——联系自己的姓，把语文中的构字规律与数学中数的构成规律进行比照。这让学生在课堂初始，就被学习内容吸引，教学重难点在不知不觉中就被突破了，学生也迅速进入了欲罢不能的“我要学”的学习状态。

【案例 47】

教学幽默源于教师知识的丰富、思维的敏捷和口语的流畅，更重要的是融融的爱心、博大的胸怀和乐观的心境。下面，让我们一起欣赏特级教师王自文的《大瀑布的葬礼》的教学片段。

特级教师王自文《大瀑布的葬礼》

（上课伊始，录像播放气势磅礴的大瀑布）

师：这是怎样的大瀑布？

生：壮观的。

生：雄伟的。

师（幽默地）：你们也太节约了，可以多用几个词嘛！

生：飞流直下三千尺，疑是银河落九天。

师：看来同学们的知识储备量不够丰富。我们来读读课文是怎么描写大瀑布的。

（学生轻声读文，画出相关的词句）

（稍作准备后，学生用文句来形容大瀑布）

生：这条瀑布“曾经是世界上流量最大的瀑布，汹涌的河水紧贴悬崖咆哮而下，滔滔不绝，一泻千里”。

生：“据说在30千米以外，瀑布的巨响还清晰可闻。”

生：“世界各地的观光者纷至沓来，在这从天而降的巨大水帘面前，置身于细细的水雾之中，感受这世外桃源的清新空气。游客们常常为此陶醉不已，流连忘返。”

师：这么多的语句都在干什么？

生：赞美瀑布。

师：赞美瀑布的什么特点？

生：雄伟壮观。

师：课文就有这个词，这个词也是这一段的中心词。你看作者把它写得多么形象逼真、雄伟壮观啊！那我们就通过朗读还它一个“雄伟壮观”吧！

（生全身心地投入朗读中）

【点评】

教学幽默要服从教学活动的需要，也就是说教学幽默的“剂量”要适当，否则就会像老舍先生说的“幽默一放开手便会成为瞎胡闹和开玩笑”“死啃幽默总会有失去幽默的时候”“到了幽默论斤卖的时候，讨厌是必不可免的”。王老师的“你们也太节约了，可以多用几个词嘛”使得课堂上泛起了欢声笑语，教学活动也变得充满情趣。

【案例48】

特级教师于永正曾说：“对于孩子们的学习来说，第一是兴趣，第二是兴趣，第三还是兴趣。当孩子们兴味盎然地投入学习中时，学习就变成了一种特殊的享受，变成了一种精神的需要。无论什么理由，一个老师让学生不喜欢自己所教的学科了，这个老师的教学就失败了。”我们不妨从下面的课堂片段中来领略于老师作为“幽默语言大师”的魅力。

特级教师于永正《草》

师：同学们，回到家里，谁愿意把新学的古诗《草》背给妈妈听？（找一名学生到前面来）好，现在我当你妈妈，你背给我听好吗？想想回到家里该怎么说？

生：妈妈，我今天学了一首古诗，背给您听听，好吗？

师：好。（生背诵）我的女儿真聪明，老师刚教完就会背了。

师：谁愿意回家背给哥哥听？（找一学生到前面来）现在我当你哥哥，你该怎么说？

生：哥哥，我背首古诗给你听听，好吗？

师：哪一首？

生：《草》。

师：弟弟，这首诗我也学过。它是唐朝大诗人李白写的。

生：哥哥，你记错了，是白居易写的。

师：反正都有个“白”字。（众笑）我先背给你听听：离离原上草，一岁一枯荣。野火烧……不尽……哎，最后一句是什么？

生：春风吹又生。

师：还是弟弟的记性好，谢谢你。（众笑）谁愿意背给奶奶听？（指一生到前面）现在，我当你奶奶，你奶奶没有文化，耳朵有点聋，请你注意。

生：奶奶，我背首古诗给您听，好吗？

师：好。背什么古诗？（生答背《草》）

师：草？那么多花儿不写，为什么写草啊？

生：因为草有一种顽强的精神，野火把它的叶子烧了，可是第二年春天，它又长出了新芽。

师：哦，我明白了。你背吧。（生背）“离离原上草”是什么意思？我怎么听不懂？

生：这句是说，草原上的草长得很茂盛。

师：还有什么“一岁一窟窿”？（众笑）

生：不是！是“一岁一枯荣”。枯，就是叶子黄了，干枯了；荣，就是茂盛。

师：后面两句我听懂了。看俺孙女多有能耐！小小年纪就会背古诗。奶奶像你这么大的时候，哪有钱上学呀！（众笑）

【点评】

一位教育名家曾说过：“教育最主要的，也是第一位的助手是幽默。”幽默感强的老师可以使学生感到和蔼可亲。当幽默营造出一种热烈的气氛时，不但学生乐于听课，而且老师的教学能超常发挥，取得极好的效果。

以上片段中，于老师精心设计了教学方法，一会儿变成妈妈，一会儿变成哥哥，一会儿又变成奶奶，通过角色变换把一个简单得不能再简单的教学环节演绎得曲折生动、情趣盎然。尤其是通过耳朵有点聋的奶奶，巧妙地引导学生准确地说出诗意和词义，在学生心灵深处留下鲜明的印记。可见，幽默让课堂变得生机盎然，让学习成为愉快的享受。

【案例 49】

教师良好的幽默感，可以使学生精神放松，使课堂气氛和谐，使知识变得浅显易懂，使学生的学习兴趣提高。请看特级教师秦自云执教《长方体的认识》的片段。

特级教师秦自云《长方体的认识》

师：今天秦老师给你们上课，大家欢迎吗？

生：欢迎！

师：怎么欢迎呢？表示一下！

（生不约而同地热烈鼓掌）

师：大家的掌声很响亮，这是对我最大的鼓励，怎么我的掌声就是不响呢？（做一只手鼓掌的动作）

生（笑）：一个巴掌拍不响。

师：那我用两只手，怎么还不响呢？（做两只手的手掌相互垂直碰撞状）

生：您两只手交叉了，是拍不响的。

师：啊？这样叫交叉，交叉是一种位置关系，让我们记住它。

（板书：交叉）

师：那怎样拍才响呢？

生：要把两只手对着拍。

师（拍了一下）：呀，真的很响亮，这两只手对着，它又是一种什么位置关系呢？

生：叫相对的位置关系。

师：对，这叫相对的位置关系。

（板书：相对）

【点评】

教学的确是一门艺术，一位优秀的教师就是一位优秀的演员。演员要想让自己的节目受到观众的青睐，除了要有优秀的演技，还要有独特的人格魅力，幽默就是其中之一了！

【案例50】

教学是一门艺术，课堂是一方舞台。特级教师刘松执教《游戏中的数学》时充分展示了他充满魅力的教学风采。那清新质朴的课堂让人钦佩无比。在他的课堂上，数学与游戏被巧妙地结合在一起，他那幽默风趣的语言深深吸引着学生，整堂课既洋溢着快乐的氛围，又贯穿着“数学思考”的主线。

特级教师刘松《游戏中的数学》

片段一

师：观察得够细致，那下面，我们来做个游戏，好不好？

（学生一听有游戏，再也不像先前那么安静了）

师：游戏的名称叫说反话。比如，我说坐下，你就起立；我说起立，你就坐下。懂吗？

师：不错，反应挺快，下面我叫一个同学来。

（叫了一名女同学）

师：我看天。

生：我看地。

…………

师：我长得很美。

生（忍住笑）：我长得很丑。

（又叫了一名男同学）

师：我往左。

生：我往右。

…………

师（故意为难地）：我是男人。

生（很艰难地）：我是女人。

（全场笑）

师：这只是游戏，不是真的哦。

片段二

"两人轮流报1—2个数，谁先说到18谁就赢。"

"有谁能非常肯定地说：我一定能赢的？"

"下面有没有谁能非常肯定地说：我一定能不让他赢的？"

"按刚才的规则，谁先说到18谁就输，怎么办？"

"怎样才能抢到17呢？往前推……"

"刚才这两个游戏，从赢到输，数没变，如果数变了呢？"

…………

【点评】

刘松老师是"狡猾"的，确切地说应该是"狡黠"的。刘老师营造"快乐的数学课堂"当作自己的追求，他的课堂上处处是独到之处：随意而不失深意，风趣而不失风度，诙谐而不失深刻，看似信手拈来，实则别有用心——几个有趣的游戏，学生在玩中自然地引发了数学思考，激起了求胜、探索的欲望。

六、幽默课堂，缩短师生距离

【案例51】

意大利的索菲亚·罗兰说："我相信幽默感也是魅力的一个组成部分。有了幽默感，人们可以在一种非常融洽的气氛中彼此交流思想和看法。缺乏幽默感，生活就变得非常单调和枯燥。"语文学科是一门和人的心灵进行直接对话的学科，它最贴近学生的情感和生活。如果教师运用恰当的幽默手法，将趣味因子适时引进课堂教学中，学生的学习兴趣会因情绪的愉悦而倍增，这能够大大地提高学习效率。

在语文课堂中大力提倡"玩学"的人中有一名特级教师，他的名字叫张国生，请看他在教学《斑羚飞渡》时是如何与学生在一起将幽默进行到底的。

特级教师张国生《斑羚飞渡》

片段一

师：同学们，你们见过斑羚吗？

生：没有。

师（故弄玄虚）：我给你们找来了一只，想看看吗？（像哄小孩）崔阳阳，你喊一声“斑羚出来”，它就自己来了。

生：斑羚出来！

（随着“咩”的一声，一幅斑羚图片进入屏幕，生大笑）

片段二

师：下面我们玩的内容应该是——

生：学羊叫。

师：光学羊叫还不行，还得把“羊语”翻译成汉语。（学生大笑）——过去你们只做过把文言文翻译成白话文，把英语翻译成汉语的练习，恐怕没有做过把“羊语”翻译成汉语的练习。镰刀头羊一共“咩”了几次？

生：三次。

师：它第一次是怎样“咩”的？请你学一学。有点不好意思是吧？没关系，咱们是“玩”嘛！把上课当成玩，就不拘束了。

生：咩——

师：不行，这只是“咩”，不是“哀咩”，再“哀”点。

生（努力进入“哀咩”的状态）：咩——

师：这回不错。是什么意思？再翻译一下。

生：唉，我是心有余而力不足啊！

师：“心有余而力不足”这个词语用得好，不愧是“小才女”。

生（非常动情地）：唉！无能为力啊！

（学生笑）

【点评】

上面引用的两个教学片段体现了张老师善于深挖文本，依据学生的心理教学课堂进行巧妙设计，于是便将一堂普通的阅读课上得妙趣横生，意趣盎然，达到了语文教学的目的。

“光学羊叫还不行，还得把‘羊语’翻译成汉语。”“它第一次是怎样‘咩’的？请你学一学。有点不好意思是吧？没关系，咱们是‘玩’嘛！把上课当成玩，就不拘束了。”看，这些幽默的语言，带动学生在课堂上进行积极的探索，也因此让学生说出许多令人惊喜的话语。

教师的语言是给予学生心理暗示的重要途径。在实际的课堂教学中，教师恰到好处的幽默能变滞涩为顺畅，变沉闷为活跃，变紧张为轻松，为课堂带来一缕春风，引进一股清泉，从而使整个课堂教学活力盎然，别开生面。教师幽默的人格魅力也自然地吸引着学生，让学生乐在其中，学得欲罢不能。

【案例52】

有一次，特级教师张化万老师在外地上作文课，坐在讲台下的是一群小学生。张老师用寥寥几句看似随意但又幽默风趣、别具一格的开场白，消除了学生的紧张情绪，缩短了师生间的心理距离和隔阂，融洽了师生的情感。在教学过程中，张老师用巧妙的引导，不着痕迹地铺垫课文；用睿智的启发，激发学生探究知识的欲望；用精当的点拨，教给学生学习的方法，实现了师生之间的“零距离”。

特级教师张化万《作文课》

师：同学们好，知道我的名字吗？

生：张化万。

师（板书：张化万）：对，我叫张化万，一张化作万张的意思，你们可千万别念作“张万化”啊！哈哈！

师：当你们老师告诉你们我要给你们上课时，你们想象中的张老师是什么样的？

生：高高瘦瘦，眼睛大大的。

师（故作失望状）：老师又矮又胖，眼睛也不大，是不是有点令你们失望了？（学生连连摇头）

生：我以为是一位年轻的老师，没想到是一位爷爷老师。

师：爷爷老师亲切，我喜欢！

师：有没有谁猜我是一位女老师的？

生：没有，老师告诉我们你是男的。

师：哦，不过老师上学的时候，确实被别人当作女生过，还把我安排在了女生宿舍……

（学生们笑声连连，课堂氛围一下变得轻松了）

师：用两分钟上上下下打量老师，然后用一个词说说对老师的印象。

生：老师非常幽默。

生：老师很可爱，像唐老鸭。

师（笑）：是神似而不是形似对不对？（学生点头）

生：老师非常和蔼可亲。

生：张老师年纪大了，但心还很年轻。

生：性格比较粗犷，是不是东北汉子？

师：聊了那么久，不过我的心还是跳得很厉害，谁想来摸摸我的心跳。

（一男生上台，张老师把他的手放在自己的右胸前摸心跳）

师：怎么样？摸到了吗？

生：张老师心跳得很厉害，“扑通扑通”。（“不对，心脏怎么在右边了？”台下一生大喊）

师（大笑）：对呀，我的心脏明明在左边，他却在右边摸到了。看来你比我还紧张啊！

（台下一片笑声，那男生也笑着不好意思地低下了头）

师：我们写作文应该一就是一，二就是二，可不能胡编乱造呀！老师要表扬刚才下面的那个女同学，因为她很会观察，第一个发现了问题，我们写作就应该有这样的观察精神！

【点评】

张化万老师的开场白幽默又风趣，学生很快就融入了课堂教学中。他用别出心裁的自我介绍“一张化作万张”吸引了全体学生的注意力，又运用向学生透露自己的小秘密的方法拉近和学生的距离，消除师生间的隔阂，同时使学生在一片欢快的笑声中消除了紧张的情绪。接下来，张老师让学生用一个词来说说对自己的印象，这既是在考验学生的观察能力，同时也是在检验学生的语言概括能力，为接下来的习作铺路。在最后的“摸心跳”环节中，张老师使了一点“小手段”，在使全体同学开怀大笑的同时，也给学生们留下了深深的思考——“写作文不能弄虚作假，要学会仔细观察”，学生悟出了“笑外之音”，悟出了写好作文的真谛！真可谓亲切自然，不露痕迹。

【案例53】

创设情境引入新课是数学教学中常用的手段，营造一个幽默轻松的课堂也是许多老师追求的目标。然而在许多数学课堂中，创设的情境为了使课堂热闹而脱离了数学本质，非但不会使课堂增色，反而会阻碍学生对数学知识的学习。特级教师朱乐平执教《与众不同》时用精心设计的课堂导入避免了这种情况。

特级教师朱乐平《与众不同》

师：我们以前见过没有？

生：没有。

师：你们看见过我的照片吗？

生：也没有。

师：你们看见过牛的图片吗？

生：见过。

师：你看，我跟牛有什么不相同？

生：您是人，牛是动物，您是高级动物。

师：你是从高低级动物角度来分的。

生：您没“角”。

师：是啊，她是从有没有“角”的角度来分的。

生：您是用两条腿走路的，牛是用四条腿走路的。

生：您的眼睛没有牛的大。

生：牛没穿衣服，您穿了衣服。牛有尾巴，您没有尾巴。

师：是啊，牛有尾巴。我呢，尾巴到现在还没长出来。

生：交流的方式不同。牛有牛语。

师：他的意思是牛不会说人话，人不会说牛话。

生：牛吃的是草，人什么都吃。

师：她是从吃的角度来看的。

生：牛的耳朵是三角形的，您的耳朵是圆的。

师：耳朵的形状不同。

生：牛的鼻子上拴了一个环。

师：我要是也拴一个环，那就会有人牵着我了。

生：牛有斗牛比赛，而人没有斗人比赛。

生：首先您的眼睫毛没有牛的眼睫毛长。第二点是牛没有头发，您有头发。

师：牛也有头发，全是毛。

生：牛有四个胃，您有一个胃。

师：胃的多少也是不同的。

生：没有牧童在您背后抽您。

师：总之，从多种角度去看，我跟牛有许多不相同的地方。其实数与数之间也有不相同的。我们一起来看一道题。

【点评】

一开课，朱乐平老师便以“我跟牛有什么不相同”这样让人意想不到的问题，把课堂变成欢乐的海洋。在这样轻松的课堂里，孩子们在笑声中展示自己、表现自己。而朱老师总是在学生发言后进行概括和总结——“你是从高低级动物角度来分的。”“她是从有没有‘角’的角度来分的。”“她是从吃的角度来看的。”……有意识地让学生从不同角度思考问题。

第四章

巧用提问，搭建桥梁

提问是一种最古老、最常用的教学方式，很早就受到人们的重视。据史料记载，我国古代著名教育家孔子就常用富有启发式的提问进行教学。其后，《学记》继承和发展了这一思想，指出“君子之教，喻也。道而弗牵，强而弗抑，开而弗达”。这就是说：“教师要善于引导，而不是勉强牵拽，要激励劝勉而不是强迫；要启发而不是代替学生去做结论。”在西方，最早使用提问法进行教学的是古希腊的哲学家苏格拉底，他十分擅长运用提问的方法启发学生去探讨真理，获得知识。

可以说，没有好的提问方法教学就不会成功，教学效果也不会理想。课堂上适时适度且富有艺术技巧的提问，能加快把知识转化为学生素质能力的进程，是发展学生的思维能力、保证教学质量的有效途径。因此，课堂提问是一种技巧，但更是一门艺术。教学中巧妙的提问，常常可以一下子打开学生思想的闸门，使他们思潮翻滚，有所发现和领悟，收到“一石激起千层浪”的效果。美国心理学家布鲁纳说：“向学生提出挑战性的问题，可以引导学生发展智慧。”因此，教师教学提问艺术水平的高低，直接影响着教学的质量和效率。为此，作为老师，应精心设计好不同类型的课堂提问，形成具有个人特色、适合学生口味的提问艺术风格，以取得最佳的教学效果。

为何优秀教师的课堂教学往往波澜起伏、有声有色，令学生入情入境、欲罢不能？其中的一个重要原因，就是他们那精彩迭出的提问艺术。有一位著名的教育家说：“教师不谙熟发问的艺术，他的教学是不容易成功的。”它说明提问作为课堂教学中师生互动的主要形式，是实现有效教学的重要手段。因此，教师的提问水平越高，越能培养学生的思维能力，同时，教学效果越好，学生就越有动力学习。这就需要教师掌握高效的课堂提问技巧。名师们精彩的课堂提问、趣味引导将“疑”设在新旧知识的认识矛盾中，创建活跃的答问氛围，创设情境，让学生在“疑”中产生问题，产生学习兴趣，把学习新知识的情感调节到最佳状态。学生们受到感化和熏陶，产生共鸣，从而产生迫不及待主动阅读和探究的兴趣。

精彩而有效的提问是诱发学生思维的发动机，能提高课堂教学效率，促进师生情感交流，优化课堂教学。正所谓“普通教师奉送真理，优秀教师则教人发现真理”，提问其实就是启发学生自己去发现真理。名师们在教学中把已有的知识成果作为学生发展的起点，使学生在知识传递中不仅得到已有的结论，而且发现尚未解决的问题，在探索中自己解决问题。

总之，有效的课堂提问是激发学生思维的动力，是开启学生智慧的钥匙，是输出信息并及时反馈信息的桥梁，是沟通师生思想认识产生共鸣的纽带，引导学生一步步走向知识的殿堂！

一、引导感悟

【案例54】

文学的意蕴在意象，意象是诗人情感的寄托与表征。诗歌是语言凝练的一种艺术，它要求语文教师必须涵养文学鉴赏之素养。因为缺少了这些文学修养，古诗教学常常是走马观花、浮光掠影，导致诗歌教学留于表层，学生在学习的过程中全然没有情感的共振，更谈不上什么在心灵深处生发出对真善美的向往。而韩军老师抓住诗歌意象，通过对话进行意义的生成，复活意象，也复活了诗歌的情感与内容。由此，学生才会喜欢上诗歌经典，感受经典的价值和魅力。请看韩军老师与学生之间的对话情景：

特级教师韩军《登高》

片段一

师：急风、高天、哀猿、清渚、白沙、飞鸟，各给人什么感觉？设身处地地想想。

生：急风使人感到非常冷。

师：身体的，还是心灵的？

生：心寒。

生：天高，显得天底下的人很渺小，很孤单。

生：哀猿，使人听到它的叫声非常悲凉。

师：“巴东三峡巫峡长，猿鸣三声泪沾裳。”飞鸟，你们想象一下，应该是一种什么处境的鸟？

生：我想应该是一只找不到食物的鸟。因为是深秋了，食物很少了。

生：是一只找不到家的鸟。它在到处盘旋，寻找自己的巢。

生：我觉得，这是一只跟鸟群失散的鸟。

师：同学们敢于展开想象，用自己的想象去填充诗给我们留下的空白。总之，这是不是一只欢乐的鸟呢？

生：不是，这是一只孤独痛苦的鸟。

师：我们为什么不把它想象成一只欢乐的鸟呢？而且大家为什么都认为是一只，而不是多只？

生：因为我们都是根据杜甫此时此刻的处境去想象的，此时的杜甫孤单一人在外漂泊。

师：毛主席笔下也写过：“鹰击长空”；诗人王维笔下也写过：“鸟鸣山更幽”。这两种鸟有什么不同呢？

生：毛主席笔下的鸟是充满活力和朝气的鸟。

生：王维笔下的鸟是悠闲自在的鸟。

师：为什么？

生：因为毛主席当时正处在立志改造中国的青年时期。

生：王维特别向往幽静的大自然。

师：如此说来，那鹰与鸟就作者的化身了。

生：我认为是这样。

（指导朗读首联，略）

片段二

师：领联写了几种景物？

生：只有两种：落木、长江。

师：由落木，我们想到了什么？由树及人，还要联系杜甫的此时此境来联想。

生：我想，杜甫看到落叶飘零，肯定想自己像树一样已是晚年，已老了。

生：人已经到了生命的晚秋。

师：生命怎么样？长久还是短暂？

生：生命短暂。

师：倏忽就是百年，杜甫生于712年，逝于770年，享年58岁，写这首诗时是767年，55岁，也就是去世前三年写的。

师：如果说“落木萧萧”是生命短暂之感的话，那么“不尽长江”呢？

生：应该是时间的无穷。

生：是历史长河的永不停息的感觉。“大江东去，浪淘尽，千古风流人物。”

师：能把这联的上下两句的意思，联系起来总结一下吗？

生：我觉得似乎是互相对比着写的。

师：是对比，有没有衬托呢？

生：有，人的生命越短暂，历史和时间就显得越悠久。

师：或者反过来说——

生：历史和时间越悠久，人的生命就显得越短暂。

师：“人的生命”是指人类的生命，还是个人的生命？

生：是个人的生命。历史与时间越悠久，个人的生命就显得越短暂。

师：总结得好。人生倏忽百年，江山万古长青。那么，这两句应该怎么朗诵呢？假如你就是杜甫，面对萧萧落木，你应该是什么心情？读这两句应该想什么？你心里的潜台词是什么？

生：我心里想——我老了；我老得这么快，怎么转眼间就老了呢？

师：第二句，面对滚滚不尽的历史长河，杜甫感到怎么样？

生：有些无可奈何，但更多的是一种气势，一种庞大的气势。

师：对的，有无可奈何。但同时，作为现实主义诗人，作为一个有阔大胸襟的知识分子，他仅仅是无可奈何吗？难道他对生命的短暂想不通吗？他是想违背自然规律而祈求长生不老吗？

生：不是。作为现实主义诗人，他知道人无论活到何时，都难免一死。这是一种必然规律。

师：所以，他感到豁达、坦荡、胸襟开阔。读的时候，大家应该把豁达、坦荡的那种气魄读出来，应该读得昂扬一些。

（教师指导朗读）

【点评】

片段一中，韩老师引领同学们就“飞鸟”这个意象进行了深入的对话和探讨，通过提问、联想、引用、体味等教学活动，让学生深刻理解到意象是作者情感思想或者真实人生的寄托对象，它具有文学象征意义和作品隐喻意义。

片段二中，韩军老师抓住“落木”和“长江”这两个意象让学生联系诗人的身世背景，来体会悲而不伤的豁达心态。由此可见，课堂教学内容的创新和重构不仅是教材上的改进，更是教师创造性的劳动。

【案例55】

《伯牙绝弦》是一篇只有77字的短小古文，讲述了俞伯牙破琴绝弦谢知音的故事。闫学老师用高超的提问艺术，在短短的教学时间内，带领学生通过诵读思考、感悟交流，真正理解了伯牙、子期之间的情感历程，体会了“真正的知音”的深刻内涵，并在此基础上进行感情升华——不仅仅感受到悲剧和绝望，更感受到人性的温暖。

特级教师闫学《伯牙绝弦》

师：当我们深入课文的时候，会对课文的内容和情感有更深刻的理解。再读读课文，想想哪些地方你读懂了，哪些不懂的可以交流。

（生再一次自由朗读后交流）

生：我读懂了“伯牙善鼓琴，钟子期善听”，这句话告诉我们伯牙很喜欢弹琴，钟子期很喜欢听。

师：这个“善”字在文中出现了几次？意思一样吗？

生：4次。

师：前面的两个“善”是什么意思？后面的两个“善”可以怎么说？

生1：啊！

生2：好啊！

师：相当于现代的什么？用现代的表达方式除了说“好啊”，

还可以怎么说？

生 3：真棒啊！

生 4：了不起！

生 5：真厉害！

…………

师：由此可以看出这里的“善哉”表示赞叹。其他同学读懂了什么？

生 6：我读懂了“伯牙鼓琴，志在高山”。这句话的意思是说伯牙在鼓琴的时候，心里想着高山，琴声里就会出现高山……

师：这位同学理解得真好，我要忍不住对你说“善哉”。

生 7：我觉得伯牙弹琴的技术高超，心中想什么，就弹出什么。

生 8：我读懂了“伯牙所念，钟子期必得之”。就是说，他们之间息息相通，是知音。

师：你们又从哪里看出“伯牙所念，钟子期必得之”？

生：伯牙善鼓，钟子期善听。

师：假如现在你是子期，听着伯牙的琴声，你仿佛听到了什么？你怎么赞叹？

（生自由发表意见）

师：我们的课外资料里也有介绍，伯牙是音乐家，他的琴声里肯定不仅仅是泰山、江河吧？还会有哪些景色？

生 9：还会有鸟语花香。

生 10：春天百花盛开。

生 11：冬天白雪皑皑。

…………

师：是啊，也许他的琴声还表现了“清风徐徐”（再次出示词语读一读）。现在你就是伯牙，我们都是子期，当伯牙鼓琴，志在清风——

生：“善哉，善哉，徐徐兮若清风。”

师：当伯牙鼓琴志在明月——

生：“善哉，善哉，皎皎兮若明月。”

师：好一个善听的子期，好一个善弹的伯牙。这就是知音。凡伯牙所念，钟子期必得之。这就是——

生：知音。

师：真正的知音。在遇到钟子期前，他会缺少赞美吗？为什么偏偏视钟子期为知音？

生：因为其他人听不懂，而钟子期能听懂他的琴声。

…………

师：那么，别人对他的赞美是什么样的？

生：表面的，肤浅的。

师：你能想象别人那种空虚的赞美吗？

（生自由说）

师：这样的赞美有没有价值？

生：钟子期最能明白伯牙内心深处的想法。

师：可以想象，当善鼓琴的伯牙，志在高山，没有人会像子期说——

生：“峨峨兮若泰山。”

师：当伯牙志在流水。没有人会像子期说——

生：“洋洋乎若江河。”

师：当他听不到子期的赞美时，心情会是怎样的？

生12：失望。

生13：寂寞。

生14：忧虑。

生 15：渴望。

…………

师：他在心里一定会忍不住发出呼唤。我的知音——

生：你在哪里？

师：后来，终于遇到了子期，他的心情是怎样的？

生 16：快乐。

生 17：激动。

生 18：充满希望。

生 19：欣慰。

…………

（师简介资料）

师：此时，他们仅仅是音乐上的知音吗？

生：我认为他们还是生活上的知音。

师：是啊，是人生的知音。

生：他们还是生命的知音。

师：是啊，他们的相遇是心灵的交融。

生：应该是快乐的，幸福的。

师：真是伯牙所念，钟子期必得之。知音，真是太少了，再来感受知音相遇的那份感受和那份柔情。

【点评】

在教学过程中，闫老师将提问作为发现学生疑问和引导问题深入的手段，引导学生品味字词、理解内容、体悟主旨。在闫学老师执教《伯牙绝弦》的课堂上，我们仿佛听到了伯牙优美的琴声，看到了伯牙因钟子期的离去怅然长叹、悲切伤感的神情，也深深感受到知音难求的那种渴望、失落的心境……闫老师的课给我们留下了深刻的印象，不仅仅是因为他对文本挖掘得深入、透彻，更因为他把自己的情感深深地融入文本之中，并在不知不觉中传递给学生，真正实现了学生、教师与文本的思想交流和心灵碰撞。

【案例56】

“诗理之美”是赋予诗歌生命和永恒的极其重要的因素。一首诗篇为何能够千古传诵？往往是因为它引人入胜、意境深远而又蕴涵深刻诗理。教学古诗如果只停留于帮助学生理解诗意，体会诗境，而不能使其领悟到古诗独具魅力的“诗理之美”，那么这种不到位的教学会使学生的古诗学习有缺陷。而特级教师吉春亚执教的《山行》则避开了这一缺陷，用提问引导学生体会到“诗理之美”。

特级教师吉春亚《山行》

片段一

师：刚才我们已经理解了诗意，体会了诗的意境，感受到诗人的那种热爱大自然、热爱祖国大好河山的情怀。现在，我们不妨还可以这样想想：假如把“霜叶”“二月花”比作人，那你又会产生怎样的联想呢？

（生默读、静思）

生1：吉老师是“霜叶”的话，我们就好比是“二月花”，你比我们知识更丰富。

生2：“二月花”就好像是年轻人，而霜叶则像老年人，老年人经历了更多的挫折和磨难，比“二月花”更成熟。

生3：诗人写这首诗好像寄托着一种“不服老”的精神，他还想干出一番连年轻人都难以完成的大事业。

生4：这首诗好像还寄托着这样一种美好的愿望：愿所有的老人都能老有所为，晚年生活幸福。

…………

师：同学们讲得真好，只要我们认真投入地品读古诗，就能领悟到蕴藏在诗中的“诗理”。而且，不同的读者对“诗理”的感悟也可能是不一样的。就像以上几位同学读的是同一首诗，联想却不同。从诗人的角度看，有的寄托着诗人的某种美好愿望；有的则表现了诗人的宽广胸襟；还有的反映了诗人的某种人生感悟……这就是“诗理”。

（板书：诗理）

片段二

师：有一名学生，在自己的习作中写了这样一段话：深秋时节，我走在松山脚下，一排排枫叶在微风中点头微笑，我不由得吟诵起杜牧的诗句：“停车坐爱枫林晚，霜叶红于二月花。”

师：同学们，你们觉得把这一句古诗用在这里边，效果怎么样？

生 1：很恰当，不但简洁，而且意境也更美了。

生 2：更能表达“我”对这片枫林的喜爱之情。

…………

师：是呀，那我们是否也愿意把古诗句运用到自己的文章中去呢？

（出示：填空）

1. 来到安吉天荒坪，漫步山间小路，抬头一看，在高高的山间竟能看到零零落落的房子，真有一种：“__________________”的意境。

2. 张老汉年过花甲，但干起工作来仍然生龙活虎，不亚于青年小伙子，怪不得大家称他是“__________________”。

3. 吉老师带了几个徒弟，一段时间以来他们在业务上个个大有进步，吉老师戏称自己的工作是“__________________”。

生 3：来到安吉天荒坪，漫步山间小路，抬头一看，在高高的山间竟能看到零零落落的房子，真有一种："远上寒山石径斜，白云生处有人家"的意境。

生4：张老汉年过花甲，但干起工作来仍然生龙活虎，不亚于青年小伙子，怪不得大家称他是"霜叶胜过二月花"。（发现第三句说起来有一些困难）

师（引导）：如果把师傅比作霜叶，那徒弟就是（学生齐说：二月花）。师傅带徒弟，目的是要把徒弟培养得更出色……（好几位学生都举起了手）

生5：吉老师带了几个徒弟，一段时间以来他们在业务上个个大有进步，吉老师戏称自己的工作是"霜叶染红二月花"。

生6：吉老师带了几个徒弟，一段时间以来他们在业务上个个大有进步，吉老师戏称自己的工作是"霜叶映红二月花"。

生7：吉老师带了几个徒弟，一段时间以来他们在业务上个个大有进步，吉老师戏称自己的工作是"霜叶尽染二月花"。

…………

【点评】

片段一中，吉老师将"明诗理"作为古诗教学的一个不可或缺的重要教学环节，同时，学生感悟"诗理"的过程，也是一个咬文嚼字、细心品味的过程，这对提高他们的语言感悟能力是大有益处的。

片段二中，吉老师巧妙地创设了一个情境，引起了学生"用诗句"的兴致和热情。接着，教师适时地出示两个填空题让学生来填"诗句"（或许需要改动）。在教师巧妙的引导下，学生对诗歌的认识从具体变得抽象，对诗歌的运用从简单引用变成了改造引用。这种做法增加了学生语言的积累，促进了他们思维的发展，最终达到了提高学生语言能力的目的。

二、引导“再创造”

【案例 57】

数学学习应该成为一个激发学生好奇心和兴趣、令学生喜欢的过程。孟晓庆老师在教学中力求通过具体的情境和有趣的活动，唤起学生已有的生活经验，从而主动探索 24 时计时法的规律，理解和发现普通计时法和 24 时计时法之间的联系与区别，并能把 24 时计时法与普通计时法进行转换，初步理解时间和时刻的意义，逐步建立时间观念。在这个过程中，孟老师就像一位导游，用提问引导着学生走完《24 时计时法》这一旅程。

名师孟晓庆《24 时计时法》

（师出示课件）

生 1：是下午 1 时。

生 2：我认为是 13 时。

师：13 时，还是下午 1 时？

生 1：我认为是下午 1 时。

生 2：用 24 时计时法，就是 13 时。

师：赞成 13 时的举举手，赞成下午 1 时的举举手。

师：准备好你的理由，然后说说看。

（生讨论。）

生 3：时针指向 1，所以是下午 1 时。

生 4：我认为是 13 时。

生 5：前面已经把 12 小时画出来了。后面再加 1 小时，所以就是 13 时。

师：有没有同学赞同下午 1 时也是 13 时的？

师：下午1时就是13时。

（继续再走一格）

师：你说说看，你认为是几时？

生：14时。

（出示晚上8时）

生6：是晚上8时。

生7：是20时。

生8：我认为是20时。

生9: 如果用24时计时法，是20时。

板书：晚上8时，20时。

（出示晚上11时）

师：如果再走一格，你说说看，应该是几时？

生：24时。

师：又走了一圈。我们同样把走过的一圈再接下来，清楚地看一看。

师：现在时针在钟面上走了几圈？

生：两圈。

师：一共走了多少小时？

生：24小时。

师：一天结束了，新的一天又要开始了。

师：第一声钟敲响的时间，是新的一天开始了。这个时间用什么表示？

生10：13时。

生11：24时。

生12：0时。

师：新的一天开始，就可以用0时来表示。

【点评】

在这些提问中，孟老师先从熟悉的日常生活入手，这也是新课程提倡的学习身边的数学的教学目标。“13时，还是下午1时？”这一问，将学生的关注点向24时引导，“准备好你的理由，然后说说看”一句，则在要求学生说自己的判断理由，而这个判断理由就是24时计时法。试想，一旦理由说出来了，则对24时计时法的理解自然呈现；练习继续进行，“你说说看，你认为是几时？”这是对之前问题的再现和练习，依此类推，学生对24时的理解自然不难。

【案例58】

《新课程标准》提出了过程性目标，让学生经历、体验、探索学习的过程，使每个学生根据自己的体验，用自己的思维方式去探索、去发现。这里所指的体验和探索并不是要让学生机械地重复历史中的“原始创造”，也不是要求学生像科学家那样去进行创造发明，而是要让我们的学生调动自己已有的知识经验并用自己的思维方式重新去推导出有关知识，这种“再创造”的工作应是在教师有意识的引导和帮助下进行的。请看特级教师钱金铎老师在教授《面积意义和面积单位》的片段中如何运用提问达成教学目的。

特级教师钱金铎《面积意义和面积单位》

师：我们已经知道了什么是面积，那么观察一下黑板的面积与桌面的面积哪个大哪个小呢？

生：黑板的面积要大，桌面的面积要小。

师：通过刚才的观察，我们同学一眼就看出了黑板的面积要大，桌面的面积要小，像这种面积大小差别很明显的，我们经过观察便能很容易看出来。你能给这种比较方法取一个名字吗？

生：观察法。

师：这两块硬纸片的面积又是哪个大哪个小呢？

生1：红纸片的面积大一点。

生2：我认为绿纸片的面积大一点。

生3：我认为两块纸片的面积一样大。

师：现在有三种不同的意见，问题还不能解决。那么，你们用什么办法来验证你们的结论呢？

生4：量一量两块硬纸片的长和宽。

师：那请这位同学来量一量。

（量后发现宽一样，绿纸片要长一些，得出：绿纸片面积要大）

师：这种方法可以吗？

生：可以。

师：对，这个办法可行。我们可以称这种办法为测量法，那还有其他更简单的办法吗？

生5：可以把两张纸片重叠在一起比一比。

（学生演示重叠）

师：你们发现了什么？

生：绿颜色的纸片面积大。

师：说得对，我们给这个方法取个名。

生6：重叠法。

生7：叠比法。

…………

师：都可以。那我们就叫它重叠法吧。

师：两个颜色不同的正方形和长方形（正方形面积略大一点），你们能比较出它们的大小吗？

生：观察法不行，用重叠法试一试。

（老师电脑演示：重叠过程，结果发现还是很难说出哪个的面积大）

师：怎么办呢？

师：我倒有个方法，你们看行不行？（在原图形上覆盖线条，把两个图形分别分解成小方格）现在你们能知道它们的面积大小了吗？

生：正方形的面积大。

师：为什么？

生：正方形有 9 格，长方形只有 8 格。

师：这个方法又可取个什么名字呢？

生 8：格子法。

生 9：数格法。

师：对，我们就叫它为数格法吧！

（板书：数格法）

师：从刚才的例子中，我们发现了一些规律。现在，有这样一个问题需要你们帮助解决。

师：这个长方形有多大？

生 10：8 个小方块那么大。

生 11：12 个小方块那么大。

生 12：18 个小方块那么大。

（学生争执不休）

师（出示图形）：现在你们发现了什么？

（学生情绪激昂，恍然大悟）

师：原来这是由于大家心目中的“小方块”大小不一样，所以大家的结果不一样。

师：那你们说怎么办呢？

生：要用一样大的格子去量。

师（顺水推舟）：对呀！要准确地知道面积的大小，就要学会测量和计算，而格子的大小不同，就无法比较出面积的大小，因此必须统一方格的大小。国际上，规定了一定标准的正方形大小叫作面积单位。

【点评】

在上述《面积意义和面积单位》的教学中，钱金铎老师只是把教科书上精炼的思维结果背后那些看不见的思维过程设计成具体的问题情境，让学生在教学活动中，不仅清楚地理解了这个抽象的“面积单位”的含义，参与了面积单位产生的简单过程，亲身感受和体验了“面积单位”这个知识的发生、发展的形成过程，而且让学生在这个过程中再次体验或自己发现前人的思维方法。这不仅对学生的思维训练和发展大有好处，而且也给了他们点燃智慧火花的机会，使这些今天的“准发现者”变得越来越聪明，真正成为学习的主人。

三、引导想象

【案例59】

《散步》是苏教版八年级语文下册第五单元中的一篇优美的散文。程翔老师在这一课的教学过程中提出一个问题：为什么“我”让母亲去“散步”？但是他既没分段分析，也没让学生自己去赏析某个片段再来分析，而是很随和地，通过提问的方式，一步一步引导学生理解课文背后的含义。

特级教师程翔《散步》

片段一

师：读过这篇文章后，你喜不喜欢这篇文章？为什么？同桌先交流一下。

师：喜欢吗？喜欢的同学请举手——哦，都举手了，你喜欢它什么呢？

生：通过一点小事的描写，让我感受到其中的亲情。

生：写了一件很平常的小事，就发生在生活中。

生：文章很真实，流露出作者的真情实感。

师：哦，既然大家都喜欢，我们就来学习学习。

师：文章写了几个人？

生：四个人。

师：哪四个人？

生：“我”、母亲、妻子、儿子。

师：注意“我”要加引号，说明是文章中的“我”。不是现实中的我。最喜欢“我”的举手——

师：喜欢“我”，喜欢他什么呢？

生：有责任心，爱他的母亲。

师：但我有不同的观点，你看书中写的：“母亲本不愿出来的。她老了，身体不好，走远一点就觉得很累。”可“我”硬逼着母亲走，所以，我不喜欢这个“我”。支持我观点的请举手——谢谢你支持我的观点。

师：有谁看出问题了？请举手，没有，看不出也正常的。

师：我希望你们能看到字面背后的东西，你们看出什么问题？

师：谁看出来了？

生：我想，文中是四人，为什么没有他的父亲？

师：我们推测一下，可能的原因是什么？

生：很可能是去世了。

师：如果他没有叫他母亲去散步或者母亲不去散步呢？

生：我认为他父亲去世了。他的母亲心里一定很孤单、很难过，所以，他让母亲去散步。

师：哦，也就是说，他表面上是让母亲去锻炼身体，实际上还有更深的含义——老母亲，你别一个人在家里憋着，跟我们去散步，其实也是去散散心。你看这个“我”对母亲很体谅。可以看出，他是一个大孝子。那我们一起来把这两小段再一起读读。“我们在田野散步……”

片段二

师：我还是不太喜欢这个“我”呀，他太霸道了，你看，“我的母亲老了，她早已习惯听从她强壮的儿子；我的儿子还小，他还习惯听从他高大的父亲；妻子呢，在外边，她总是听我的。”太霸道了，谁都要听“我”的，我不喜欢。你有理由来反驳我吗？

生：那是信任，他母亲、儿子，还有他妻子，都对他很信任，不是霸道。

生：我也觉得不是霸道，那是家人对他的理解。

生：因为他正值中年，能力强，所以听他的。

师：我觉得还有个地方需要讨论一下：第三段，似乎是多余的。“天气很好。今年的春天来得太迟，太迟了，有一些老人挺不住。但春天总算来了。我的母亲又熬过了一个严冬。”第四段也是多余的，“这南方初春的田野，大块小块的新绿随意地铺着，有的浓，有的淡；树上的绿芽也密了；田野里的冬水也咕咕地起着水泡。这一切使人想起一样东西——生命。”你看，第二段写母亲本不愿出来，后来经“我”劝说她同意了，第五段写“我和母亲走在前面”，正好衔接啊，把三、四这两段去掉多好。同意的请举手？

师：不同意啊，你不同意，要拿出理由来反驳我。

生：我觉得这里体现老人身体不好，不能去掉。

师：可我觉得这一段写得不真实呀——“今年的春天来得太迟，太迟了”“但春天总算来了”。冬天家里有暖气，就待在屋子里多舒服呀，为什么要这样写？

生：可能老人还是怕冬天呢。

师：不知道同学们有没有了解作者的生活背景。他的家是在南方。（有的学生在点头）你点什么头啊？似乎赞同我的某个观点？

生：南方的冬天比北方暖和，不供暖，没有暖气。

师：是的，要看实际情况。作者是南方人，我有一年冬天到上海看望一位老师，他是一位老人，手里始终抱着一个小汤壶，冻得直打哆嗦。所以，南方的冬天虽然温暖，但对于老人来说，却是很不容易熬过的。这里就把他对母亲深厚的感情写出来了。好，我们再来一起读读这一段……

【点评】

从片段一的对话中我们不难发现，程老师的提问看似很随意，其实满含深思熟虑，它让学生学会了阅读——读出文字所要表达的含义，读出文章所蕴含的感情——母亲对父亲的思念，儿子对母亲的挚爱。而在这个过程中，程老师不断用提问引导学生进行深层次的思考，并用“但我有不同的观点”引导学生将思考角度再切换，“如果他没有叫他母亲去散步或者母亲不去散步呢？”如此提问下来，问题的答案便在讨论和思考中清晰了。

片段二中，程老师似乎总是站在与学生观点相悖的角度，与学生唱反调。其实正是在师生之间的这种辩论中，在自由的交流和老师的点拨中，学生体悟到了这份母子深情，同时，也在老师的启发下，不断地尝试去寻找文字背后的情感。这是阅读中要培养的重要能力，如果没有教师深厚的文化功底和对亲情的切身感受，单凭学生自己是难以挖掘出来的。

【案例60】

新课标强调“阅读教学是教师、文本、学生之间的对话过程”，那这种对话如何有的放矢，如何深入下去呢？请看特级教师王红教学《雷雨》一课的教学片段。

特级教师王红《雷雨》

生：蜘蛛为什么要在雷雨前逃跑，雷雨后又坐到网上来了呢？

师：当时，蜘蛛心里是怎么想的？

生1：天气那么闷，马上要下雨了，“我”还是赶快逃吧，不然“我”会被雨淋湿的。

生2：风把柳枝吹得乱摆，“我”还不走，不知会被风吹到哪个角落。

生3：大风会把我的网打破的，“我”要赶快逃跑。

生4：大雨会把我淋湿，也会把“我”的网打破，“我”要赶快走。

师：雷雨停了，“我”准备做什么？

生5：“我”要坐到网上，重新修补“我”的网，等着好吃的。

生6：雷雨停了，“我”要去检查“我”的网破了没有。

师：现在你们明白为什么蜘蛛雷雨前要逃跑，雷雨后又坐回到网上了吗？

【点评】

片段的开始，不是教师问学生，而是学生提出自己的疑问。可是王老师没有直接回答，反而巧妙提出两个问题，引导学生主动思考，自主解决问题，找到问题的答案。在这个基础上，学生的疑问在与老师、文本的对话中得到解答。对话充满童趣，在发展学生想象力的同时，还让学生感受到学习语文的快乐。

【案例61】

《一个苹果》教学中，杨丽娜老师紧扣“志愿军战士在七天七夜没有喝到一口水的情况下，相互传递苹果、分吃苹果”的感人情景展开教学，让学生围绕“如果你就是防炮洞中的一员，这时连长下达了分吃苹果的命令，你拿到苹果会怎样想，怎样做？”的问题进行探究。我们一起来看这一教学片段。

特级教师杨丽娜《一个苹果》

师：如果你就是防炮洞中的一员，这时连长下达了分吃苹果的命令，你拿到苹果后会怎样想，怎样做？

（师把一个苹果交给第一个同学，让这一组同学边想边说）

生1：我只咬一点，这样别人能多吃一点。

生2（接过苹果）：我只咬一点点，润润喉咙，别人比我更需要。

生3（望着苹果）：这个苹果留给伤员小蓝，就能保住他的生命，为了战友我不能吃，但连长下了命令，我只舔一下。

（这样一个接一个，一组同学都站起来讲了自己的想法与做法。他们没有相同的语言，却有共同的感受）

师：是呀！这个青里透红、散发着诱人香味的苹果，就这样在防炮洞里传了两圈又回到了连长的手中，苹果还剩下大半个。是我们的战士没有理由吃这个苹果吗？是他们不想吃这个苹果吗？那么，他们为什么谁都不肯吃呢？是因为他们想到的不是自己，而是别人。这正体现出我们的战士纯洁而美好的心灵、纯真而崇高的阶级情谊。

【点评】

教师提问的艺术性，往往对学生理解所学内容起着至关重要的作用。在《一个苹果》的授课中，杨老师的提问就如同暗夜中的一盏灯，引导学生去想象，去思考。

教师通过角色扮演的方式再现课文中相互传递苹果、分吃苹果的感人情景，创设问题情境，引导学生去积极探究、体会、想象、领悟、去体验志愿军战士的内心世界和思想感受，鼓励学生大胆交流，各抒已见，让他们尽可能地论述自己的想法和做法。教室里弥漫着认真探究、民主宽松的氛围，教师自然流畅地启发学生展开思想的翅膀去探索、思考，学生在人物角色中慢慢地体会到战士们纯洁而美好的心灵、纯真而崇高的阶级情谊。最后，杨老师适时进行点拨，巧妙有效地帮助学生对重点、难点进行深入理解。

四、善于“追问”

【案例62】

我们的眼底有一个黄斑，这一点上是不成像的，在医学上这个黄斑就叫盲点。学生在学习的过程中由于年龄、经验的局限或者惯性思维的影响，认知概念时往往表现出孤立、肤浅的特征，这就是思维盲点。

刘德武老师在课程准备中早已预见了学生思维的盲点，于是在教学过程中以层层递进的方式设计问题，使问题以“问题链”“问题串”的方式出现，极富思维含量，激发学生的求知欲望，满足学生的好奇心，巩固和完善学生头脑里已有的认知结构，拓展学生的思维空间，培养学生的创造能力，又让学生享受到自我创造的愉悦。

特级教师刘德武《认识厘米》

片段一

师：1厘米有多长？看投影（投影出示一把尺子，在“0”和“1”之间有一条红色的线段）。在尺子上0到1就是1厘米。你知道1

厘米有多长了吗？对着你的尺子看一看。

生：0 到 1 就是 1 厘米。

师：是不是在尺子上只有从 0 到 1 才是 1 厘米？

生：1 到 2 也是 1 厘米。

师：这是以 1 为起点的。以 2 为起点呢？

生：2 到 3 是 1 厘米。

…………

师：谁说说在尺子上 4 到几是 1 厘米？

生：4 到 5 是 1 厘米。

师：你们都是这么想的吗？如果不许说 5，还可以怎么说？

（生愣住了，课堂出现了短时沉寂）

生：4 到 3 是 1 厘米。

师：谁能完整地说一遍？

生：4 到 5 是 1 厘米，4 到 3 也是 1 厘米。

师：说得好，这个“也是”说得好。

片段二

（看直尺已经量出来的刻度，师问从 0 到 5 是几厘米）

生 1：是 6 厘米。

生 2：不对，是 5 厘米。

（生争论不休，一时间场面似乎有些乱）

师：我们不能只嚷嚷，应该说说理由。你的理由是什么？

生 2：因为从 0 到 1 是 1 厘米，1 到 2 也是 1 厘米，2 到 3 还是 1 厘米，3 到 4 是 1 厘米，4 到 5 是 1 厘米，所以 0 到 5 是 5 厘米。

（学生说 0 到 1 是 1 厘米，课件上尺子上的 1 厘米就离开原位，往上弹跳后再下降恢复至原位，其他也类似）

师：光看数字不够，还要具体地数一数。

片段三

（生学会用尺量实物、线段长度之后）

师：有一个同学家里发生了一件很不幸的事。这个不幸的事就是他家里失火了，把尺子这段给烧了。

（师拿出打火机，把一把尺子的末端一段当场烧了。生笑）

师：这把尺子还可以量长度吗？

生：可以，0起点没有被烧。

师：看这个长度是多少？

（师生操作，读数，从零刻度开始对齐量）

师：我告诉大家，另一个同学家里发生了更不幸的事，家里也失火了。

（生又笑）

（师拿打火机把尺子的零刻度这段当场给烧了）

师：现在这个尺子没了零刻度，还可以量吗？

（有人说不能量了，有人说还可以量）

生：可以量。可以把3当0起点，一样量啊。

（后来学生一步一步换算，3当0，4当1，5当2……并说出了铅笔的长度）

【点评】

平时的课堂上，教师一般采用打乒乓球式的提问方式——一来一去一问一答，这种提问方式常常流于肤浅、平淡。刘老师善于追问，这源于他对教材的深度理解和对学生已有认知经验的准确定位，以及对重难点的了然于胸。刘老师的追问帮助学生拓宽视野，从多角度发散思维，从而有了新的发现。事实证明：这三个连发的问题像集束炸弹，更有威力，也极富挑战性，满足了孩子们的好奇心。孩子们的精彩表现让我们看到了教学的真实与深刻、丰富与生动。

刘老师的这些教学设计看似信手拈来，实际却是精心设计的教学内容，所以整节课给人一种水到渠成的流畅感。好课是可以问出来的，课堂追问能追出一片精彩，就让我们像刘老师那样，做一个理性而智慧的追问者吧。

【案例63】

《平行》一课是苏教版国标教材第七册的教学内容，教材从两条直线的相交、不相交，引出平行的定义。传统的数学课堂过分侧重平行概念的记忆，以及平行线绘制方法的传授，学生往往对“同一平面”以及“两条直线的两种位置关系”的理解存在一定困难。特级教师蔡宏圣教学该课时，从学生生活实际出发，注重学生的操作体验，通过追问使学生对概念的理解和掌握变得深刻。

特级教师蔡宏圣《平行》

师：要是在普通的白纸上画平行线，可以分几步？画出来的一定是平行线吗？

（学生先试画，然后交流反馈。有的学生用直尺的上下边线画的，还有的学生先画一条直线，打点，再画一条）

生1：我是移动着画的。

师：随便移动行吗？

生2（补充）：是平移。

师：那怎么才能保证直尺是平移？

（指名一生上台演示，讲评）

师：请同学们用先画一条线，再平移，再画另一条线的方法，自己试着画一组平行线。

（一生利用直尺和三角尺画平行线，因为不会移动尺子，没有画成功，拿着纸和笔走上了讲台）

师：谁愿意来帮助他。为什么画不好？

生3：他把三角尺上的一条斜边靠在直尺上了，这样移动，就不好画。

师：非要把三角尺上的直角竖直了再来画吗？有没有其他办法画出平行线？

（一生上台靠着三角尺的一条直角边画一条直线，再平移，再画一条平行线）

师：看来平行线的位置不是问题，主要是弄清如何移动直尺。要在画直线直尺移动的方向上造轨道，就一定能画出一组平行线。

【点评】

学习就是实现由不会到会、由模糊到清晰、由收获到继续探索的过程。这个过程是拾级而上、视野渐宽、学识渐丰的过程。换句话说，倘若像蔡老师这样不断地通过提问给予学生引导，让学生把理论知识和实际操作结合起来，学生的思维就能得到训练，智力获得挑战，情智得到发展，数学素养也会渐渐增长。

五、鼓励提问

【案例64】

作为一篇科普童话，《小壁虎借尾巴》不仅是演示科学知识的载体，更是活生生的人物化身。因而，它的情节不仅生动吸引人，而且严密科学。在教学中，怎样才能既让学生掌握科学知识，又不把课上成一堂简单的语文课，使其对儿童健全人格的形成起着潜移默化的作用呢？斯霞老师的《小壁虎借尾巴》教学设计会让我们得到不少启示。

特级教师斯霞《小壁虎借尾巴》

师：有没有不懂的地方，请提出来。

生：小壁虎是动物，不是人，为什么用单人旁的“他”，不用宝盖头的“它”？

师：问得很好，谁能回答这个问题？

生：写书的叔叔把小壁虎当人来写，所以用单人旁的“他”。

师：对！这是一篇什么故事？

生：童话故事。

师：童话故事中，常常把小动物当作人来写，所以用单人旁的“他”。还有什么问题？

生：小壁虎的尾巴为什么会断？

生：给一条蛇咬住了。

师：小壁虎不让蛇咬，用力一挣，尾巴就挣断了。（用动作演示）小壁虎为了保护自己，挣断尾巴逃走了，这是壁虎尾巴的功用。壁虎的尾巴长得不结实，节与节相连处的骨头很脆，一用力就会挣断，这是壁虎尾巴的特点。

生：“墙角”是什么意思？

师：这个生词我们已经学过了，因为你昨天生病没有来，所以不知道。谁来告诉他？

生：墙的角落。

师（用手指墙角）：对！就是这个地方。

师：现在请大家一起读第一、二小节。

（生齐读一、二小节）

师：小壁虎断了尾巴又为什么要去借呢？

生：他说，没有尾巴多难看啊！

师：这两小节主要讲小壁虎认为没有尾巴很难看，所以要借尾巴。（放出小壁虎断尾巴的幻灯）那么它到哪儿去借？向谁借？读下面一小节。

（生读第三小节，读完提问题）

师：这一节有什么问题？

生："告别"是什么意思？

生：就是再见的意思。

师：我提个问题，请你们想想，为什么写"小壁虎爬啊爬，爬到小河边"，连用几个"爬"字，而不是写"小壁虎爬到小河边"？

生：小壁虎爬啊爬，说明爬的路很远。

生：小壁虎爬的时间很长。

师：对，过去学过哪些类似的句子？

生：《燕子飞回来了》一课，燕子飞呀，飞呀。

生：雪花飘呀飘。

师：不错。小壁虎爬到小河边看到了什么？

生：小壁虎看到小鱼在河里摇着尾巴游来游去。（师放出小鱼在河里游和小壁虎对话的幻灯片）小鱼为什么要摇着尾巴？

生：小鱼摇着尾巴拨水。

（师板书：鱼摇着尾巴拨水）

师：小壁虎怎样向小鱼借尾巴的？它说话的口气怎么样？把小壁虎的话说一说。

生：小鱼姐姐，您的尾巴借给我行吗？

师：为什么要称"您"？

生：表示对小鱼的尊敬。

生：表示对小鱼尊重、客气。

师：它向小鱼借尾巴，应该用怎样的口气说？

生：不是不客气的，应该用很和气、很尊敬的口气。

师：那么，你们能读出这样的口气吗？

生（齐读）：小鱼姐姐，您的尾巴借给我行吗？

师：读得很好，现在把小鱼回答的话读一下。可以看幻灯片上的句子读。

生（齐读）：不行啊，我要用尾巴拨水呢。

师：“小鱼姐姐，您的尾巴借给我行吗？”这里的“行吗”可不可以换成别的词而意思不变呢？

生：您的尾巴借给我好吗？

生：您的尾巴借给我可以吗？

生：您的尾巴借给我好不好？

生：您的尾巴借给我行不行？

生：您的尾巴能不能借给我？

师：对！这句话的意思你们都懂了。这一节主要讲什么？

生：讲小壁虎向小鱼借尾巴。

【点评】

提问的智慧不仅在于提问能否有效地提高学生解决问题的能力，更在于提问能否引领学生主动发现问题、提出问题。斯老师用一句“有没有不懂的地方，请提出来”引导学生主动思考，提出心中的疑惑，解开自己的困扰。一石激起千层浪，学生们的问题源源不断地出现。斯霞老师没有给出这些问题的答案，而是让孩子们在讨论中解决，自己再加以引导，锻炼了他们的分析理解能力；而最后试着换词说话，一方面让孩子们将新旧知识联系起来，另一方面也锻炼了他们的表达能力。

六、保持耐心细致

【案例65】

在课堂教学中，经常会有许多“意想不到”的事情发生，如果教师处理不当，课堂就有可能失控。教师如果具备灵活运用知识、机智处理问题的能力，对这些问题能够用耐心和细致巧妙地处理，则往往能化腐朽为神奇，使课堂产生未曾预见的精彩。可见，如何灵活妥当地处理偶发事件，不仅关系着一堂课教育教学的成败，更是衡量一位教师教学机智的重要的标尺，它可以反映教师应变艺术的水准。特级教师于漪在教学《宇宙里有些什么》时就做到了这一点。

特级教师于漪《宇宙里有些什么》

生：课文中有这样一句话，“这些恒星系大都有一千万万颗以上的恒星”，这里的“万万”是多少？

（话音刚落，全班学生都笑了。该生也为自己提出了这样幼稚的问题而后悔）

师：这个问题不用回答，大家都知道了。可是，我要问：既然“万万”是“亿”，作者为什么不用一个字“亿”，反而要用两个字“万万”呢？谁能解释？

生：感觉好像比“亿”多。

生：“万万”读起来觉得顺口。

…………

（师归纳学生的意见，小结汉字重叠的修辞作用）

师：关于叠字的知识我们是怎么学来的？

（同学们都不约而同地看着刚才提出问题的学生，顿时，教

室里爆发出热烈的掌声。刚才提问的学生如释重负，先前羞愧的表情一扫而光，脸上露出自豪的微笑）

【点评】

在上述教学片段中，于老师面对学生提出的比较幼稚的问题，不讽刺、不嘲笑，运用教学机智耐心细致地因势利导，“化腐朽为神奇”，变“幼稚”为有益的新的教育资源生成点，引导学生深入思考，不但使全班同学在热烈的讨论中掌握了汉字重叠的修辞功效；又使那位提问的学生受到了鼓舞和激励，感受到了师生在人格上的平等，提高了学习的自信心；也使全班同学受到了一次尊重他人的教育，这就是于老师的高明之处。

【案例 66】

心理学研究表明：心境低落的学生，几乎忘掉接受信息的25%；而心境好的学生，只忘掉接受信息的5%。教师应通过积极、鼓励的口头语言和肢体语言，使学生对自己的发言获得成功和愉快的情感体验，而不是相反的。有经验的教师往往不随意指出学生的“不对”“不完整”，不随意指责学生“尽瞎说，动不动脑”“在不在听同学发言”“你刚才在干什么”等，而是循循善诱，细致、耐心地引导全班同学在集体讨论中深入理解课文内容。

特级教师庄杏珍《翠鸟》

生（齐读）：“翠鸟喜欢停在水边的苇秆上，一双红色的小爪子紧紧地抓住苇秆。”

师：这句话告诉我们什么？

生：告诉我们，翠鸟生活在水边。

（师不评价）

生：告诉我们，翠鸟很轻，能停在苇秆上。

（师还是不做评价）

生：告诉我们，翠鸟的小爪子是红色的。

师（高兴地）：同学们分别讲了三个方面的内容。合起来，就完整了。

（生都很高兴）

【点评】

“这句话告诉我们什么？”庄老师用这个问题，引导学生进行思考，而在学生回答的过程中，庄老师没有打断，也没有轻易地评价，让学生在兴奋中寻找问题的答案。精心设计的艺术的提问能让学生有的放矢，找到问题的关键点。而庄老师的提问就很好地做到了这一点，非常值得我们学习。面对学生不当的回答，教师还应保持耐心不断引导。

【案例 67】

特级教师魏洁在执教《认识平行》一课中的提问艺术给人留下了深刻的印象。

特级教师魏洁《认识平行》

师：说说你是怎样摆的？

生 1：我用两根小棒摆成一组平行线。

（实物投影显示）

师：你们认为他摆得怎么样？

（放手让学生自评）

生 2：我认为他摆得有点儿弯。

生 3：如果借助直尺就可以使其摆得更准确。

师：还有其他方法吗？

生 4：我用两支铅笔摆成一组平行线。

师：你的方法其实跟第一位同学的摆法是一样的，不过你也可以用第三位同学的摆法使你的平行线更准确。同学们想想有不同的方法吗？

【点评】

片段中出现的“用两支铅笔摆成一组平行线”应该是无用信息，此时，教师用耐心进行及时引导，阻止更多无用信息的出现，把学生思维引领到其他不同的方法上来。在提问的过程中，教师的提问也起到互动的作用，可谓点睛之问。

七、层层深入设计问题

【案例 68】

生活给予阿炳苦难，音乐却给予他光明。特级教师孙双金精心设计了几个问题，让每一个问题都能自然衔接，引领着学生倾听作者的心灵。孙老师首先提出这样一个问题：“拿出笔来，默读课文，从课文中找出带有‘听’的句子。”阿炳小时候随师傅第一次来到二泉时因为还小什么也没有听到，第二次来二泉时听到了“叹息、哭泣、倾诉、呐喊……”这时，这个话题好像讨论完了，该进入下一个话题了，但如何进入下一个话题，话题该向哪个方向发展？孙老师设计了一个巧妙衔接的问题：“你们认为哭泣声是奇妙的吗？”学生的回答自然是否定的，于是，一个新的话题应运而生：“为什么阿炳没有听到奇妙的声音，反而听到了叹息、哭泣、倾诉、呐喊？难道是阿炳的师傅说错了，还是阿炳没有长大？拿起笔，到课文里去找找关键词句。”这一话题一下子将学生的思维引向逻辑的高度，文章自身的内部联系乃至阿炳内心世界与外部世界的“脐带”都清晰地呈现在学生的眼前。

特级教师孙双金《二泉映月》

师（出示第二节投影）：课文第二段中有好几句写到了带有

听的句子。谁来把第二节读一读？

（生读）

师：读得好，在和师傅赏月的时候，师傅提出一个问题问阿炳：“你听到了什么声音？”一起把这句读一读，小阿炳听到了什么声音没有？一起回答。

生：没有。

（师板书：没有）

师：课文第二小节，小阿炳跟着师傅来到二泉边，师傅告诉阿炳能听到泉水非常奇妙的声音，“奇妙”是什么意思？

生：神奇美妙。

师：奇妙的声音呢？

生：就是十分神奇美妙、悦耳动听的声音。

师：那么，课文第四小节，十多年过去了，师傅早已离开人世，阿炳也因患眼疾而双目失明。阿炳又来到了二泉边，这次他听到的却是叹息声、哭泣声、倾诉声、呐喊声……这声音奇妙吗？

生：不奇妙。

师：为什么阿炳没有听到奇妙的声音，反而听到的是叹息、哭泣、倾诉、呐喊？难道是阿炳的师傅说错了，还是阿炳没有长大？拿起笔，到课文里去找找关键词句。

（生迅速默读课文，潜心领会，勾画关键词）

师：你从课文找到了什么关键词？

生：我找到了“双目失明”。

师：你读一读。你是怎么理解的？

生：因为双目失明后，他再也看不到世界上所有的东西了，他心里很难过，所以阿炳会叹息。

师：你读这个词，只要几秒钟。可是“双目失明”对一个人来说是怎样的打击呀？同学们，你们把眼睛闭起来。

（生闭眼一分钟左右）

（师把这个问答重复了一遍）

师（语调沉郁地）：一片黑暗，沉浸在一片黑暗中。阿炳再也看不见了，看不见什么？

生：看不见二泉。

生：看不见他的二胡。

生：看不见美丽的月色。

生：看不到静影沉壁的美景、树木葱茏的惠山。

师（沉痛凄凉地）：对啊，由于双目失明，阿炳再也看不到这美好的一切了。所以，听着听着，渐渐的……一齐读。

生（接读）：渐渐的，渐渐的，他似乎听到了深沉的叹息，伤心的哭泣，激愤的倾诉，倔强的呐喊……

师：你还找到什么关键词句？

生：我找到“卖艺度日”。

师：你看过的卖艺情景是怎样的？

生：我看见过车站那儿有一对夫妇，都是盲人……

生：我看过耍猴的。

生：我看过一个人在路边给人磕头。

师：阿炳又怎么挣钱度日的呢？请你们想象。

（播放《二泉映月》，大屏幕出示场景）

场景一：冬天，大雪纷飞，寒风刺骨，双目失明的阿炳是怎么卖艺的呢？

场景二：夏天，骄阳似火，烈日炎炎，阿炳又是怎么卖艺的呢？

场景三：一天，阿炳生病了，烧到39、40度，浑身发抖，他又是怎么卖艺的呢？

（《二泉映月》凄苦、悲哀的旋律回荡，所有人都沉浸其间，默默想象，有学生间或喃喃自语）

【点评】

“为什么阿炳没有听到奇妙的声音，反而听到的是叹息、哭泣、倾诉、呐喊？”孙老师抓住了文章的重点，提出疑问，同时留下一个选择疑问句，给同学们留下想象的空间，引发学生的思考热情，使同学们主动走近阿炳的内心世界，为阿炳撒了一把同情的泪。“阿炳又是怎么挣钱度日的呢？请你们想象。”在这个问题的基础上，孙老师又配以《二泉映月》的乐曲创设了三个场景让学生选择画面进行想象，学生沉浸在凄苦、悲凉的音乐声中，默默想象。此时，阿炳鲜活的形象跃然纸上，学生似乎感受到阿炳的悲哀，似乎听到了他哀怨、凄绝、扣人心弦的琴声。孙老师的这些技巧性的提问，看似无意，却又独具匠心，在一问一答间，把课堂氛围推向了高潮，其水平之高，效果之好，让人不得不叹为观止。

【案例69】

课堂上师生的双向交流无时不在、无处不在。提问正是双向交流的切入口，主动权在教师一方。眼睛是心灵的窗户，教师应注意捕捉学生在接受信息时眼神、状态变化的瞬间，有针对性地组织难度适宜、由浅入深的提问，引导不同程度的学生敢于并善于回答问题。

特级教师施建平《泊船瓜洲》

师：学习古诗要明白诗的大意，但更重要的是能够体会诗人的感情。老师把这首诗读一读，你们听一听，体会体会。（有感情地朗读）听了老师的朗读，大家对这首诗表达的感情，肯定有了新的感受。那么，怎么样才能深入地体会诗人的思想感情呢？我想，我们要想办法进入诗人写诗的意境。你们觉得诗人写这首诗可能是在什么时候？

生：可能在夜晚。

师：是在什么季节的夜晚？

生：是春季的一个夜晚。

师：是春季的一个晚上，在你的想象中，诗人是站在什么地方，望着哪儿吟这首诗的呢？

生：是站在船上望山的时候。

师：可能站在船的哪儿？

生：船头。

（老师在黑板上简笔勾画诗人站立船头的形象）

师：这天晚上，天上可能还有什么？

生：天上还有月亮。

师（画月亮）：在这明月之夜，诗人站在船头，都看到了什么？想到了什么呢？我们听听音乐，看着图，对着诗来想象。

（老师放《春江花月夜》片段）

师：明月之夜，诗人钻出船舱，立在船头，向南眺望。只见对岸就是京口，由这诗人想到，现在已是春天，诗人的脑海中不禁浮现出一幅幅美丽的图画：青山、绿水、田野、江岸。最后，诗人望着明月，又想到了什么呢？（音乐停）诗人看到的情景，你们看到、想到了吗？

生：想到了。

师：如果你就是诗人，你能说说看到什么、想到什么了吗？先在下面说说看，一人说，其他同学补充。

（学生议论）

师：我请个同学做诗人，把自己看到、想到的说出来。（找一个同学）

师：你现在就是诗人，站在瓜洲的船上，那你开始应该怎么说？

生：对面就是京口。

师（拍拍同学的肩）：好，你说吧！

生（表演钻出船舱）：咦，对岸不就是京口吗？京口这边再隔几重山就是钟山了，春风又一次吹绿了江南两岸。家乡的青山，家乡的绿水真是太美了，我何时才能在明月的陪伴下回到故乡呢？

师：好，还有补充的吗？想到家乡的美景如何呢？

生：家乡的田野被春风一吹又绿了。

师：田野里长的是什么？

生：这时候田野里长的是麦子。

师：长的麦苗，绿油油的。

生：果园里的果树被春风一吹都开满了美丽的花。

师：这时候开的什么花？

生：桃花、迎春花。

师：家乡的油菜花是什么颜色？

生：金黄色。

生：大地换上了一件绿装。

师：他是总的说，大地换上了一件绿装。刚才，我们扮演诗人，想得非常好，想到诗人脑海中浮现的许多的美景。这么多的美景，诗人是用哪句话来概括的？

生：春风又绿江南岸。

师：对，这七个字就概括了这春天的美景。那么，这句诗中哪个字用得特别好？

生：绿。

师：好。据说王安石在选用这个“绿”字之前，曾经换了十多个字，有“到”“过”“入”“满”等，最后选定了这个“绿”

字，这个“绿”字好在哪里呢？我想诗人在吟这个“绿”字的时候，一定翻来覆去吟诵，比较一下，让我们来用“到”呀、“过”呀吟一吟，比较一下，好不好？

生：春又到江南岸。

师：怎么样？太一般了吧，只能说明春风到了，我们再用“过”字来吟。

师：过，吹过了，吹过去以后怎么样呢？也没写出来，所以也没有用。还有“入”“满”等，诗人也没有用，最后选了这个“绿”字，我们再用“绿”字来吟吟。

（生读）

师：用“绿”好在哪里？

生：它描写出春天到了江南岸，使大树变成绿色的了。

师：哦，写出了春风到了江南岸把大树吹绿了，吹绿这个意思有了。

生：如果用“到”“过”或“满”的话，春风吹过去以后没有什么感觉。“春风又绿江南岸”写出了春风吹过以后，江南岸就变了样，成了绿色的了。

师：你也体会到了。春风又“到”，又“入”，还有别的字等，只能说明是春天到了，但是“绿”字，不光写出了春天已经到了，而且把春天到后景色的变化写了出来，写出了春天的鲜明色彩，写出了春天的勃勃生机。你们再读读。

（生读后两句）

师：这里还有个“又”字，“又绿”说明时间过得——

生：快。

师：第四句的“何时”要注意，诗人是那么急切地想回家，家乡是那么美，但是他又不知道什么时候才能回家，所以这个“何时”能够表达出诗人强烈的思乡之情，你们再轻声读一读。

师：学到这，我们想到了另一首写诗人在明月之夜思念家乡的诗，是哪一首？

生：是《静夜思》。

（学生齐背）

【点评】

施老师在讲授《泊船瓜洲》时，将一连串的问题贯穿在诗歌的学习过程中，让学生体会到诗歌的内涵。

“你们觉得诗人写这首诗可能是在什么时候？”“是在什么季节的夜晚？”“在你的想象中，诗人是站在什么地方，望着哪儿吟这首诗的呢？”这些问题，引导学生从诗歌中发现诗人写作诗歌的背景；同时，辅以简笔画，用问题引导学生勾勒出全诗的意境。接下来，施老师再次发问：“在这明月之夜，诗人站在船头，都看到了什么？想到了什么呢？”带着问题，伴着音乐，学生再次感受到诗人的内心世界。最后，“如果你就是诗人，你能说说看到什么、想到什么了吗？”又引导学生体会诗人在诗中表达的情感。于是，学生主动展开丰富的想象：家乡的田野里有绿油油的麦苗、美丽的果树和花朵等。

【案例70】

特级教师徐鹄在讲授《晏子使楚》一课时，设计问题层层深入，指向中心，有目的、有伸缩空间，切合实际，真正引导学生学习。

特级教师徐鹄《晏子使楚》

师：晏子第二次受辱是不是楚王特意安排的？

生：是的。

师：你从什么地方看出来的？

生：从“笑嘻嘻”可以看出楚王心中有鬼，故意安排，这是“笑里藏刀”。

师：押上来的这个人是齐国人吗？

生：不是，齐国的水土很好，怎么会有这样的人呢？

生：不一定是，有可能是楚王安排本国的人。

生：有可能是齐国人，但被楚王买通了。

师：同学们讲得很好。

【点评】

在上面的教学提问中，徐老师引导学生分析人物性格，这中间问题的设计十分引人深思：“晏子第二次受辱是不是楚王特意安排的？”“你从什么地方看出来的？”“押上来的这个人是齐国人吗？”这一连串的提问，引导学生如剥粽子一样，层层剥开文章的主旨，结果自然展示出来。

学生没有迷信于标准结果，而是自主地充分挖掘教材，结合自己已有的知识经验，从各种情感意向、社会交际手段等，阐明了自己的观点，理解课文的内涵，学得主动，学得积极，真正成为学习的主人。这一过程中教师的角色作用是内显的。

【案例 71】

如果教师在提问学生时语气不亲切、不自然、不平等，而是刻板的、呆滞的，学生会迸发智慧的火花吗？教学会有良好效果吗？请看著名特级教师李吉林在上《燕子》一课时的提问（片段），体察他的提问语气。

特级教师李吉林《燕子》

师：“微风吹拂着柔柳”有什么感觉？

生：我觉得柳枝好像在摆动。

师：微风吹拂着什么样的柔柳？

生：微风吹拂着才舒展开黄绿眉眼的柔柳。

师：才舒展开黄绿眉眼的柔柳，好像柳树怎么样？

生：好像柳树刚刚从梦中醒来，睁开了眼睛。

生：好像柳树也长了眼睛和眉毛。

师（加重语气，边说边画，用简笔画再现春天杨柳万千条的情境）：不是一条两条，而是千万条才舒展开黄绿眉眼的柔柳。

【点评】

这一片段内容中，李老师用语丰富，一步一步引导学生细致体验、感悟春天的美景。试想一下，倘若李老师只是简单地让学生明白“舒展”“柔”等字词的意思和运用的修辞手法，师生之间就很难有积极的情感交流，缺乏思维的过程，教学也就难以达到理想的目标。

【案例72】

在数学教学中，课堂提问的艺术性十分重要。教师提出问题的水平越高，越能取得好的教学效果，越能培养、活跃学生的思维能力，提高学习的积极性，极大地促进课堂教学高潮的出现。

特级教师贲友林《时分的认识》

片段一

在介绍了一些时分的知识之后，贲老师提出了这样的一个问题：“一分钟我们到底能做些什么呢？”然后安排了一系列的活动。先让学生测一测自己一分钟的脉搏；然后又安排了一组活动，同样的一分钟让学生在跳绳、拍球、口算、写字、读书中选一项自己喜欢的活动并记下自己的成绩；最后还让学生听了一分钟的音乐，再次感受一分钟的长度。那首歌选得更好——《真心英雄》，最后留在屏幕上的“把握生命里的每一分钟”，流露出德育的痕迹，撞击了孩子的心灵。

片段二

执教《时分的认识》，我们的教法一般都是让学生观察钟面，讨论汇报钟面上都有什么，从而知道钟面上有12个大格，每个大格有5个小格，一共有60个小格等。而贲老师不是这样，他根据学生已有的基础，带领学生画钟面，他是这样问的：“钟面上都有什么呢？（生答有数字、有针）那么如何画数字呢？（然后，领着学生一起画，画完后，又问）把钟面分成多少份呢？（生答有12份，在数字上叫12个大格）有大格就有小格，一大格有几小格呢？你会分吗？你画几条短线？”让学生亲自经历知识形成的过程，在不知不觉中成为学习的主人，获得深刻的记忆。

【点评】

一问“现在是几时几分？”引出时间的概念；二问“如果要知道现在的准确时间，有什么好办法？”引出钟的概念；三问“钟面上有什么？”引导学生关注钟面数字构成；四问“钟面平均分成几份？你是怎么知道的？”引出学生的答案“分成12份，我看到有12个数字，每个大格有5个小格”，为最终引导学生认识时分的概念作铺垫。师生间的一问一答句式简短，节奏明快，问得随意，答得从容，学生也学得轻松、愉快。这样艺术的提问怎能不引发学生探究的兴趣，怎么不能让学生思维臻至严密呢？

八、注意课堂细节

【案例73】

课堂细节，其本身就是一种资源，是值得挖掘的。如果说及时捕捉细节是教师的自觉行为，那么，有效挖掘资源性的教学细节则是教师教学智慧的体现。如特级教师王崧舟在教学《草船借箭》

一课时，就抓住一个极易被学生忽略的“笑”字，于无疑处求疑，引领孩子们走入语言的佳境，体悟语言的绝妙，演绎出了课堂的精彩。

特级教师王崧舟《草船借箭》

师：同学们，王老师在读课文的过程中发现了一个奇怪的问题，课文写诸葛亮的话共有11处，只有一处有提示语，而且是个“笑”字，请你联系课文，想想诸葛亮此时在“笑”谁？为什么而“笑”？

生1：诸葛亮在笑周瑜，笑他妒忌自己的才干，笑他设计圈套来陷害自己，结果却落空。

师：这是一种什么样的“笑”？

生1：这是一种自信的笑，一种胜利的笑！

生2：诸葛亮在笑曹操，笑他胆小如鼠、生性多疑，这是一种嘲讽的笑、一种鄙视的笑。

生3：诸葛亮还在笑鲁肃，笑鲁肃宽厚仁慈、忠心为人，这是一种幽默的笑、宽厚的笑。

师：同学们，诸葛亮这一“笑”，“笑”出了他的本事，更“笑”出了他超人的智慧，难怪周瑜长叹一声，说……

生：诸葛亮神机妙算，我真不如他。

师：那么，周瑜到底在哪些地方不如诸葛亮呢？请你把想到的写下来。

（写后交流）

生4：周瑜心胸太狭隘，诸葛亮心胸比较宽阔。

师：心胸不如诸葛亮。

生5：周瑜其实也挺聪明，就是没有把聪明用到正道上，老想害人。诸葛亮用到正道上，做大事。

师：这一点周瑜也不如诸葛亮。

生 6：周瑜他只想前不想后果，而诸葛亮想事情比较周密。

生 7：周瑜做事没有诸葛亮周到。

生 8：周瑜做事欠冷静，就拿他想害诸葛亮这件事来说吧，他嫉妒诸葛亮比他有才干，但他们现在是要联合抗曹，他却想害诸葛亮，是不是有点内讧的感觉？

师：就是内讧，但诸葛亮显然比周瑜识大局。

生 9：周瑜有点自不量力，他一开始想害诸葛亮的时候，他也不想想诸葛亮是什么人，诸葛亮早就对曹操、鲁肃这些人了如指掌了。

师：也包括对周瑜。

生 9：也包括对周瑜了如指掌，他也不探听探听诸葛亮有什么样的才干就轻易下手，所以说他这点不如诸葛亮。

生 10：周瑜做事非常着急，而诸葛亮做事非常冷静。

生 11：周瑜没有诸葛亮算得准，因为周瑜先说让诸葛亮十天之内造好十万支箭，他想肯定造不好，可诸葛亮却说三天，三天确实造好箭了，说明诸葛亮比周瑜算得准。

【点评】

“请你联系课文，想想诸葛亮此时在‘笑’谁？为什么而‘笑’？”“这是一种什么样的‘笑’？”“周瑜到底在哪些地方不如诸葛亮呢？”这些问题的提出，帮助学生理清了诸葛亮的性格特点与周瑜的不同。由此可见，教师提出的问题太重要了。

也因为这样，我们可以说，王老师的探究性阅读课真是精彩！在学生潜心探究了诸葛亮神机妙算的基础上，抓住诸葛亮神秘的一“笑”和“周瑜到底在哪些地方不如诸葛亮”这两个关键点，适时、适度地巧问妙点，引导学生感悟隐藏其中的深刻内涵和众多信息，使学生更加透彻地理解课文内容，更加准确地把握人物形象，大大深化了探究的成果，令人拍案叫绝！

【案例74】

时至今日，仍有许多教师认为学生“带着问题读”是天经地义的。然而，带着谁的问题呢？带着什么样的问题呢？教师是否必须在课前“精心”准备问题后才能上语文课？特级教师王雷英执教《军神》一课，对此做出了绝佳诠释。请看片段——

特级教师王雷英《军神》

师：刚才老师看到好几个小组都在研究“为什么沃克医生说遇到的是一块会说话的钢板，是一位军神”这个问题，下面我们就先交流一下这个问题好吗？

生：我从第16、17自然段中体会到刘伯承是“军神”，因为他在手术台上十分坚强。

生：我从“他的双手紧紧抓住身下的白垫单”看出刘伯承是一块“钢板”，是“军神”。

师：能抓住课文中的语段谈感受，很好。如果能再抓住其中的关键词语来，那就会更好。

生：我从沃克医生“双手颤抖，汗珠滚滚”体会到手术进行得非常艰苦。

生：连医生也在担心刘伯承是否承受得住。

生：从“居然”这个词中我知道刘伯承越来越用劲，最后竟抓破了白垫单。

师：由此可见，无论是写医生还是写刘伯承，都让我们感到刘伯承钢铁般的意志。难怪沃克医生会说——

生（齐）：你是一个真正的男子汉，一块会说话的钢板！你堪称军神！

师：大家研究得不错。现在你们再看黑板，刚才的这几个小问题，也都跟着解决了吧！

【点评】

王老师发现学生面临难题以后，在没有事先做准备的情况下，以“点睛之语”为学生指明方向，引导他们去发现、尝试和探究，寻觅到一条解读文本的“最短路程”，增强了学生的成就感。教师能够抓住课堂细节，并用自己的教育机智使课堂细节变成教学资源，是一种教师素质的体现。

九、提高学生的自信心

【案例 75】

在特级教师徐德兰执教《九色鹿》一课时，随着故事情节的展开，徐老师抛出了一个个十分具有启发性的问题，学生争先恐后地发言，在九色鹿与调达的鲜明对比中接受了真善美，摒弃了假恶丑。

特级教师徐德兰《九色鹿》

（学生读文中最后一句话）

师：这句里有“竟然”一词。为什么用这个词呢？（这个词的理解比较有难度，它既表现了九色鹿对调达行为感到意外，同时也体现了调达是个唯利是图、背信弃义的小人）

（此时有学生举手）

师：注意，在心里想好了，你会说得更精彩。

（学生静思，小嘴抿动……）

生：我认为“竟然”是说九色鹿对调达太失望了，没想到调达会这么做。

生：“竟然”还说明了九色鹿很生气，九色鹿没想到调达会背信弃义。

生：九色鹿太愤怒了，他没想到调达会是这样一个人。

…………

师：看，大家说得多好啊。以后啊，想说什么的时候，一定先在心里想了再说，这样你的发言会获得别人的表扬。

（学生齐读课文最后一段）

师："背信弃义"是什么意思？（想让学生一下子说清楚这个成语，还是有点困难的。学生表现不再踊跃，教师走到学生中间）

师（对着一位学生）：你相信自己能说好吗？（学生笑笑，教师又对着另一位学生）你相信自己能说好吗？（学生点点头）

生："背信弃义"是指违背了诺言，放弃了正义。

师：说得真不错，联系课文还有谁能说好？

生："背信弃义"在文中是说调达违背了自己的诺言，心中没有了正义。

【点评】

在语文课堂上，除了安排专门的语言训练外，其实每一次学生回答问题的机会就是一个很好的语言训练机会。"在心里想好了，你会说得更精彩。"暗示学生要有准备地说话，要重视说话的质量，夯实表达基础，这对学生口语交际能力的发展是大有益处的。

要达到"善于表达"，首先要有表达的欲望，学生不想说，不敢说，从何谈起语言发展呢？当他们遇到困难时，缺少的就是一点自信。只要教师伸出手拉他们一把，他们会勇敢地抬脚迈向成功的彼岸。徐老师正是察觉到了学生这种心理状态，及时地调整，刺激学生表达的欲望，才会有了精彩的课堂。

第五章

精彩评价，优化教法

有一本书上曾说过这样一句话：“教师的语言如钥匙能打开学生心灵的窗户，如火炬能照亮学生的未来，如种子能深埋在学生的心里。”特级教师钱梦龙也曾这样说过：“教育，就是给人积极向上的影响力，教学艺术就是激励的艺术。”由此可见，教师语言水平的高低、表达能力的强弱，直接关系到教育教学工作的成败优劣。从精彩的名师课堂，我们发现，名师之所以为名师，名师之所以让我们为之折服，与他们在课堂上精彩的评语密不可分。课堂上，他们恰如其分的评语总是信手拈来，创造出课堂教学艺术的佳境。

走进名师课堂，研读他们精彩的课堂评价，不仅能恰到好处地提高我们的教学水平，使我们教学信息的传导更风趣更高雅；同时也能丰富我们自己的课堂评价语言，让我们的课堂也异彩纷呈，精彩无限。

一、客观评价

【案例 76】

特级教师赵谦翔教授《早发白帝城》一课时，注重沟通交流的平等性，灵活运用表扬与批评的艺术，尤其是在当面批评过程中，充分尊重学生的意见，最后和学生在平等商讨之中求得认知的统一和情感的共鸣。

特级教师赵谦翔《早发白帝城》

生（齐背）：朝辞白帝彩云间，千里江陵一日还……

师：啊！没问题。大家都能做到熟读成诵，但是是不是都做到了会鉴赏？不好说。我们今天就来鉴赏这首诗。我提几个问题，大家笔答。我准备了一个纸条叫“一言心得”。

（出示投影片：一言心得——精诚、精练、精彩）

师：它有三个要求。第一，精诚，所谓精诚就是要写真诚的话，不要虚假。第二，精炼。所谓精炼就是要尽量简短，言简意赅，说多了有时候跑题。第三，精彩。所谓精彩就是你的话不但要说明白，而且要说生动。因为我们的一言心得同时是对你鉴赏水平和语言文字表达能力的一个检测。不要小看一言心得，它的作用很大。虽然大家今天是头一次做这个练习，但这太简单了，没问题的。我现在提出几个具体问题，请大家思考，想好了就写一言心得。

师（边讲边板书：一、情）：诗歌鉴赏一个核心问题就是要理解诗的情感，体味它的情趣。如果你不知道这首诗具体是怎样的情感，就谈不上对诗的鉴赏。那么，李白的这首《早发白帝城》概括地说是怎样的情感？你用一个名词性的偏正短语概括就足以说完。第二，有几个关键的词请你把它的妙处说好。

师（边讲边板书：二、彩云、啼不住、轻舟）：比如说第一句里的“彩云间”，还有“两岸猿声啼不住”，这个“啼不住”怎样理解？最后“轻舟已过万重山”的“轻舟”。这三个词语有很浓厚的意味，请你谈谈你的体会。我的问题提完了，现在你们思考，我这边发这个纸。

（学生思考，老师发写一言心得的纸）

师：谁写完了举手示意，我就收。

（学生开始书写回答问题。个别学生小声讨论，教师来回走动巡视。5 分钟后有 1 人交卷，教师提醒别忘了写名字）

师（提示学生）：不要思考太多，也不要太犹豫，现在是跟着感觉走的时候。

（7分钟后陆续有人交卷，老师来回收卷，并加以分类）

师（10分钟后提示学生交卷）：没写完的同学也交，白卷也交。

（教师开始集中收卷）

师：现在咱们开始讲评。有一句鉴赏的名言叫作“有一千个读者就有一千个哈姆雷特”，听说过吗？

生（小声齐答）：没听说过。

师：那我告诉大家。《哈姆雷特》是莎士比亚的名作，哈姆雷特是剧中的主角。这句话是说由于每个人的思想、见解不同，一千个读者就会有自己心目中各自不同的哈姆雷特形象。这句话揭示了文学鉴赏，包括艺术鉴赏的一个特点，那就是都是主观性的、有个性的。虽然看同一部作品，却都有理解上的差异。但是，话又说回来，鉴赏也都是有客观性的。如果你看《哈姆雷特》，脑袋里反映出的是奥赛罗或者是中国的贾宝玉，主观性就脱离了原来的作品，那你的鉴赏就完了。所以刚才我看了部分同学写的这首诗的感情，有两个同学答对了。其他同学说出了种种的感情，我念一下。

师（念学生的一言心得）：周思琪（音）同学说：“李白当时兴奋，为获得自由的生活高兴。”这就说到位了。请这位同学（周思琪，女）起来回答，把话筒给她。非常精彩啊！

（周思琪同学起立）

师：你的答案是说“李白当时兴奋，为获得自由生活而高兴”，为什么这么说？

生（显得害羞）：因为他当时看什么东西都觉得很美好，比平时别人看这些东西感觉要美好一些。

师：就这些啊？

生：嗯。

师：哎呀！那可不对劲了。你说李白为获得自由生活而高兴，这话从哪儿来的？

生：因为他当时被皇帝冤枉了，然后又被“反平”了。

师：“反平”了不对，是“平反”了。（众生大笑）哎呀！这个词可用得精彩。请坐。

师：这个同学不简单！她介绍了这首诗的背景。李白为了报效国家，做了唐朝皇帝的一个儿子的参谋，后来被朝廷下了谋反的政治结论，因而获罪被贬到夜郎。李白在赶赴夜郎的途中接到了皇帝平反的通知，可以免罪了，特赦，不用去夜郎了，可以回家了。所以，李白从白帝城坐船一天就到了江陵。朝发白帝，暮到江陵，有这么一件事，大家知道吗？由于有这个背景，所以周思琪同学说李白为获得自由生活而高兴非常准确。我们很多同学不知道这件事，所以没有回答对。

【点评】

赵老师在鼓励了学生“啊！没问题”的同时，没有忘了给学生直接指出能够熟读成诵，并不代表就会鉴赏诗歌的事实。不仅体现了赵老师娴熟的教学艺术，也体现了一个有素养的语文老师对学生宽严有度，认真负责的精神风貌。

赵老师在指出学生的错误的时候用了生动、诙谐的语言，使学生听起来不感到刺耳，不打击他们的信心，也同样展示了一位名师率真的品格和对学生高度负责的态度。

【案例77】

对于学生课堂答问的情况，教师应该从实际出发给予客观性的评价，恰如其分地运用评价语言，指出回答问题好在何处，应该如何改进。评价语言切忌一味贬低或者过分拔高，盲目地去贬低或者赞扬学生的回答，造成其学习上的混乱，使学生感到茫然而不知所措。

特级教师张志芳《小珊迪》

师：刚才，我们交流了小珊迪神情的变化，有的同学还谈了自己的感受。那么语言的变化呢？请继续交流。

生：起先小珊迪说："买一盒火柴，只要一个便士呀！"我从"一盒""一个""只要"这些词语中体会到小珊迪的火柴是很便宜的。后来听说"我们"不需要火柴，他想了一会儿，说："我可以一便士卖给你们两盒。"小珊迪把原本十分便宜的火柴降了价，更便宜卖了。

生：课文中写："啊！请您现在就买吧！先生，我饿极了！"这句话一连用了三个叹号。这三个叹号也表达了小珊迪想卖掉火柴的急切心情。

师：你能抓住标点来体会，这种感受很细腻。

【点评】

这个教学片段中，教者能够及时指出学生成功的原因，肯定了这个学生抓住标点来体会的方法，也使其他学生的认识由模糊到清晰。学生运用方法就会由现在的无意识到将来的有意识，可以说起到了画龙点睛的作用。

二、即时评价

【案例 78】

全国著名特级教师霍懋征十分注意古诗教学，她教得活，教得巧。例如，在教学课堂中，霍老师把学生分四人一小组，讨论对《望庐山瀑布》的看法。针对小学生对课文的理解不一致的问题，采用小组讨论的方法有助于学生互相取长补短。小学生童真烂漫的个性化语言也不断涌现，自然地实现了教师自由评价，于发言中丰富教学情趣的目标。

特级教师霍懋征《望庐山瀑布》

（出示幻灯：《望庐山瀑布》日照香炉生紫烟，遥看瀑布挂前川。飞流直下三千尺，疑是银河落九天）

师：谁能读一读？

（学生齐读、个别读、教师范读）

师：你们再小声读读，共同讨论一下，看能不能理解诗的意思。有什么问题也可以提出来。

（学生分四人一小组议论）

生：老师，银河是不是神话中说的，把牛郎、织女分开的那条河？

生：我奶奶告诉我，银河是天上的一条大河。

师：银河实际上是许许多多的恒星，民间传说是天上的一条大河。

生："九天"是什么意思？

生：我知道，"九天"是指很高的天空。

师：古人认为天有九层，九天指天的最高层。

生：香炉是烧香的炉子吗？

师：不是，这里的香炉指的是香炉峰。这座山峰的样子像香炉，所以叫香炉峰。你们懂得"日照香炉生紫烟"这句诗的意思吗？

（没有学生举手。）

师：这句话的意思是，太阳照在香炉峰上，峰顶云雾弥漫，蒙蒙的水汽透过阳光，呈现出一片紫色，好像燃起的紫烟缭绕着香炉峰。多么美丽的景色啊！你们再仔细体会一下这句话的意思，想象一下高高的香炉峰是多么漂亮。谁能讲讲这首诗？

生：“日照香炉生紫烟”，是太阳照在山峰上，峰顶云雾弥漫，阳光透过蒙蒙的水汽，好像燃起了紫烟。“遥看瀑布挂前川”，是远远地看去，瀑布挂在山的前边。“飞流直下三千尺”，是水从三千尺高的山峰上很急地流下来。“疑是银河落九天”，以为是银河从高天上落下来了。

师：能讲下来很好，谁还有什么意见吗？

生：我补充一点，“川”是河的意思，应该说是挂在山前的河面上。

生：我有一点意见，“三千尺”不一定是个准确的数字，主要是突出山势很高。是不是可以说成是水从很高的山峰上急流下来？

师：讲得好，谁能再讲一讲？

（学生逐句讲）

师：你们再小声读读，仔细体会一下，诗人写这首诗的目的是什么？

生：通过这首诗，诗人歌颂了庐山瀑布的壮丽景色。

生：诗人赞颂了祖国的美丽河山。

生：诗人赞颂庐山瀑布的美景，实际是抒发作者热爱祖国河山的感情。

师：说得好！你是从什么地方体会出来的呢？

生：我是读出来的。诗人不仅把峰写得很美，而且把瀑布写得十分壮观，好像是天河都掉下来了。

生：诗人借景抒情，把景写得这么美，实际上是抒发他的爱国之情。

生：我觉得这首诗写得好，有静静的香炉峰在紫烟的缭绕之中，又有那白色的瀑布从很高的山峰上倾泻下来，发出哗哗的声响。最后，诗人赞叹，这好像是天河掉下来了。

师：分析得很好。确实，这首诗中有静有动，有声有色，有景有情。我们再体会一下，作者写出了红日、青峰、紫烟和白色的瀑布，色泽鲜明，多么美丽啊！你们在头脑里，一定能勾画出一幅绚丽的图画。这首诗充分表现了庐山瀑布的雄伟壮观，诗人借此抒发了热爱祖国大好河山的感情。你们再小声读几遍，看谁能背下来。

（学生纷纷要求背诵，一般都能当堂背下来）

【点评】

霍老师引导学生自然地边读边想象，庐山香炉峰的紫烟宛如一幅绝美的仙境图浮现在学生脑中。学生很好地体会"挂"字的妙不可言、"飞流直下"的磅礴气势、"银河落"的惊天动地。由学生对"香炉"的疑问带出"日照香炉生紫烟"的教学难点。在学生没有举手的情况下，教师做了描述性的解释，启发学生体会意境，想象美景，进而让学生讲解全诗，还就"川"和"三千尺"做了辨识，学生不知不觉地进入诗的意境了。最后，在读诗中激活学生的联想，让他们展开想象的翅膀，在脑海中组合他们想象到的画面，从而领略文字的独特魅力，感悟古诗的经典意境。

【案例79】

特级教师贺诚在课堂上素以"极其投入，极其动情"而著称，他的这一特点在执教《丰碑》一课时更是得到了淋漓尽致的体现——贺老师执教的《丰碑》一课曾被誉为"当代小语界的一座丰碑"。在教学中，贺老师引导学生把出现在课文不同地方的关键词语连接起来，在对比映照中感悟人物精神，一步一步进入情感高潮。

特级教师贺诚《丰碑》

师：我们找到第七小节，你看到了什么样的情景，边读边动笔，

把重点描写这个情景的词语画下来。想一想，这是怎样一个情景？（生自读、涂画）

生：我认为，第七自然段全都在描写倒在雪地里的军需处长的神态和动作。

师：你理解得非常好，如果能够再找到相关的词语来说，那就更好了。

生：我找的词语是“冻僵”“倚靠”“一动不动”。

师：请把这些词语圈起来。你们再看，这三个词语中主要是哪一个词？

生：冻僵。

师：对了，都在描写“冻僵”。所以我们无论读书，还是找词语，或是谈理解，都要抓住关键词。你们再把这段话读一读。

（生读书）

生：我抓住“他的神态十分镇定，十分安详”中的“镇定”和“安详”这两个词来理解。被冻僵的老战士在死的时候，一点儿也不害怕，一点儿也不畏惧。

师：你说得很好，也能够抓住关键词来说了。同时，也让我们看到了又一个场景。还有看到的吗？

生：我还看到了在“单薄破旧的衣服紧紧地贴在他的身上”这句中，“单薄破旧”说明了军需处长是因为穿得又少又破才被冻死的。

师：好，也把这个词圈起来。那样破那样少的衣服在这样一个严寒的天气里，是贴在他的身上。这里用“贴”不用“穿”，更说明了什么？

生：用“贴”可以表现出军需处长毫不利己专门利人的高尚品质。

师：你想得太远了，现在就一个“贴”，想不了那么远。（生笑）

生：用“贴”可以看出军需处长身上的衣服很少。

师：是啊，用“贴”更说明了他衣服的破旧单薄。把你们刚才读懂的“冻僵”“镇定”“安详”“单薄破旧”“贴”都连起来，你想问什么问题吗？

生：我想问，军需处长的衣服为何那么单薄破旧？

生：我想问，他被冻死后，为何还那么镇定和安详？

生：我想问，他是军需处长，难道真的找不到能让他不被冻死的一丁点衣服吗？

…………

师：他这样被冻僵，又为什么能那样镇定和安详？你们能自己往下读，来解答这些问题吗？抓住有关的词句来谈谈理解，来往下读。

（学生读书）

生：我抓住“这时候，有人小声告诉将军：‘他就是军需处长……’”这句话中的“军需处长”来理解，如果我是军需处长，就可以让自己穿得暖暖的，吃得饱饱的，再上大雪山。而他却穿着单薄破旧的衣服，他把棉衣都发给了战士们。

师：你能把自己放进去，理解得太好了。当然，我相信，在现实中，你不会像刚才说的那样去做。他把棉衣都给了战士，其实也是把死亡留给了自己。

生：我抓住的句子是：“将军的脸色顿时严峻起来，嘴角边的肌肉抽动着。”我想，将军认为是军需处长的失职才造成了这位老战士的牺牲，所以他才发怒了。

师：是，你理解得很好，抓住了将军神态的变化。同学们，在这样的残酷的环境中，难道军需处长不知道死神会降临吗？（生：

知道）正因为他已经准备好了，才能在冻僵的那一刻那样镇定安详。这是一个英雄的塑像啊，这是一种英雄的行为啊！对此，难道你们就没有什么想说的吗？

生：如果我遇到别人有困难，也会去想到别人，也会去帮助他。

师：将军看到了这个情景，他觉得老战士冻僵是不应该的，当警卫员告诉他这就是军需处长时，他的心里跟我们一样震撼了。（读）“将军愣住了，久久地站在雪地里。他的眼睛湿润了……向那位跟云佟山化为一体的军需处长敬了一个军礼。”

师：谁能读出那种震撼之情？

（学生自读后，一生起立读书）

师：你念得最好的地方，是“他的眼睛湿润了。他深深地吸了一口气”这里，你吸了一口气，“缓缓地举起右手”这里，你也读得缓缓地，很好。不足之处，就是最后“向那位跟云佟山化为一体的军需处长敬了一个军礼”这里，感情还可以再深沉。

（师范读后，学生再读）

师：前面读得很好，后面就差一口气了。谁再来？

（一生读）

师：也是前面不错，后面不太好。听老师读一读。注意里面有一个吸气的动作。来，你来读。

（一生读）

师：读得真好。还有更好的吗？

（一生读，非常富有穿透力）

师：我特别欣赏你那句“跟云佟山化为一体的军需处长”，这是一个灵魂，一个不朽的灵魂啊，将军是怀着深深的悲壮之情来行军礼祭奠这不朽的灵魂啊！（板书：军礼壮祭魂不朽）来，我们来读。

（学生齐读）

【点评】

贺老师让学生“抓住有关的词句来谈谈理解”，再以“你能把自己放进去”“抓住了将军神态的变化”等极富针对性的评语激励学生，学生也以心契心、以情悟情，真正感受到了“军礼壮祭魂不朽”的深远意蕴。有了这样的情感基础，再加上贺老师的示范和点拨，学生把书读好已是水到渠成之事，于是就自然达到了“使其言皆若出我之口，使其意皆若出我之心”之境。

【案例 80】

特级教师魏书生执教《人生的境界》时，把深入浅出的即时评价，融入人与教学之中，使整个课堂活泼有序，生机盎然。

特级教师魏书生《人生的境界》

师：现在都把书合上，我有几个问题要请教大家。第一个问题：在冯友兰先生看来，哲学的任务是什么？

生 1：哲学的任务是提高人的境界。

师：境界？艺术境界还是其他境界？

生 1：精神境界。

师：对，这位同学把握得很准确。再请问这位同学，你能更具体地说一说哲学的任务吗？

（生 1 说得很长，略）

师：这位同学说得非常好！基本上表达出了冯先生的意思。我再问同学们，课文中共有几处提到哲学任务？（有同学想翻书）请不要打开课本。

（生纷纷摇头）

师：一共有四处。那么大家想一想，是不是应该把这四处答案综合一下，才是哲学的基本任务？（生点头）这一课第一句就问，哲学的任务是什么，按照我们一般的阅读习惯，这是罩着全文的。但大家要注意，平时读书，要找全相关的信息。如果是高考，问你哲学的任务是什么，如果只答提高人的精神境界，我认为是不完整的，没有筛选出所有相关信息。记住了吗？

生：记住了。

师：好，我再请一个同学回答另一个问题：冯友兰所说的四个境界分别是什么？

生2：自然境界、功利境界、道德境界和天地境界。

师：非常好！这个同学记忆得非常准确。我要再刁难你一下，能不能说一说这四种境界的含义？

（生2逐一解说，说得非常好）

师：我记住这位同学了！她说得太棒了！基本上把这篇课文的四种境界理解得差不多了！下面我再叫一个同学：这四种境界是怎么划分的？

生3：按觉解程度来划分的。

师：说得很好。能不能具体解释一下什么叫觉解？

（生3表达不太流畅，但说出了大意）

师：这位同学说得棒极了！那我问大家，一个人境界的高低与所做的事情有没有必然的联系？

生：没有。

师：那由什么来决定？

生：觉解程度。

师：对，大家说得非常好。我举一个例子，喝水大家都会吧？喝水也能喝出境界来，信不信？你渴了就喝水，冷了就穿衣，这是什么境界？

生：自然境界。

师：现在我不但要喝水，还要喝纯净水、矿泉水，因为能治病，起码保健，这是什么境界？

生（笑）：功利境界。

师：现在我要喝水，保重身体，因为身体是革命的本钱，保护好自己的身体就能为国家多做贡献。这是什么境界？

生（大笑）：道德境界。

师：我现在接着喝水。我已经意识到了人是自然、宇宙的一部分，和其光，同其尘，我喝水是因为渴，因为我必须顺应自然，与自然宇宙一体。这是什么境界？

生（笑）：天地境界。

师：可见，喝水也能喝出境界来呀！大家以后要多喝水，有益健康。

【点评】

在以上的教学片段中，魏老师有多次即时评价，"这位同学说得非常好！""非常好！这个同学记忆得非常准确。""我记住这位同学了！她说得太棒了！""这位同学说得棒极了！"这些简洁的即时评价体现了魏老师深厚的人文素养，这一点值得我们深思。

三、把握尺度

【案例81】

什么是课？好课涉及的因素很多，课堂评价尺度也已走向多元——新课程标准是标尺，学生接受程度是标尺，动态生成的效果是标尺，听课教师的主观感受也是一个潜在的标尺。那么，透过这些表象的"标尺"，新课程理念关照下的语文课堂是否还应该具备某些本质性的价值追求呢？让我们看看特级教师周益民教授《去打开大自然绿色的课本》的片段。

特级教师周益民《去打开大自然绿色的课本》

师：想想，诗人为什么说大自然是绿色的呢？

生：因为大自然里有绿树、翠竹、碧草、青山，它们都是绿色的。

生：不对，大自然里也有红花、彩霞呀，并不完全是绿色的。

师：说得有道理！那么，诗人为什么偏要说它是绿色的呢？想想，绿色是不是有着某种——

生：我明白了，绿色是生命的颜色，象征着活力。

师：是啊，正是人们常说的"生命之树常青"。

生：确实，在沙漠里，只要看到了绿洲，就等于获得了生命的希望。

生：因为绿色充满活力，像一个少年，朝气蓬勃，活力四射。

生：王安石"春风又绿江南岸"中，"绿"的运用被历代称颂呢！

生："绿色"还是"环保"的同义词，现在人们要吃绿色食品，要住绿色住宅。

师：是的，有人甚至把充满温馨的课堂叫作绿色——（生：课堂）总不会说是到了植物研究室吧。

生：我就不同意，难道其他颜色就不能代表大自然的色彩了？

师：好啊，那你说说看，你认为大自然是什么颜色的？

生：我认为大自然是红色的，红枫、红花、红云，万紫千红。红色代表着喜气洋洋，象征着红红火火。

师：红色的大自然，好！蕴藏着热烈，昭示着兴旺，传递着幸福。古诗中对"红"的运用也很多，像——

生：霜叶红于二月花。

生：人面桃花相映红。

生：日出江花红胜火。

生：映日荷花别样红。

生：我认为大自然是白色的。白色象征着圣洁、高雅，雪花就是那美的精灵。

师：不错，民间有谚语：瑞雪兆丰年。

生：我觉得大自然是彩色的，人们不是常说“绿树红花”“五颜六色”“五彩缤纷”“橙黄橘绿”吗？你们想，如果只是一种颜色那多单调啊！

师：大家说得可真好。不过，我也发现了一个有意思的现象，同一个大自然，怎么各人的体会不一样呢？

生：肯定不是红绿色盲呗。

生：是因为每个人的喜好不一样吧。

生：我想，是每个人对大自然体会的角度不同。

师：精辟！你的发言让我想起了苏东坡的名句——横看成岭侧成峰。刚才我们的讨论是否就是现实的自然和心中的自然的关系？（生点头）那么，现在，让我们一起走进诗人的内心，来体会他心中绿色的大自然吧。

【点评】

周老师如一位底蕴深厚、谙熟规律的“指挥家”，启发引领、联想推演，用神奇的指挥棒指挥自己的“乐队”，使课堂成为一个思维激荡和灵感勃发的“场”。这种不设“围场”的课堂，避免了被动的强加，形成了平等的对话和个体感悟，实现了内在主动性驱动下的学习活动，使课堂充满不可预料的魅力！

四、真情实感

【案例 82】

评价性语言是我们课堂中用得比较频繁的一种语言，它能够营造宽松、和谐的学习氛围，激发学生的情感和强烈的求知欲，让学生在成功的快感中激发学习兴趣。那么，如何才能恰到好处地使用评价性语言呢？让我们来看特级教师陆丽萍执教的《公因数和最大公因数》的教学片段。

特级教师陆丽萍《公因数和最大公因数》

（学生初步理解了“公因数”和“最大公因数”的含义后，陆老师布置了题目）

题目：18 和 27 的公因数有哪些？最大的公因数是几？

（学生尝试完成后，教师组织学生交流）

生 1：18 的因数：1，2，3，6，9，18。27 的因数：1，3，9，27。18 和 27 的公因数：1，3，9。

师：你是先找出 18 的因数，再找出 27 的因数，最后把两个数公有的因数做上了记号，这是用的什么方法？

生 1：一一列举法。

师：请大家看这位同学的结果。（投影出示学生的练习）18 和 27 的公因数是：1，3，9。

师：我们先来采访他一下，（示意一名男生起立）你是怎样找 18 和 27 的公因数的？

生 2：我是从 1 开始想起，1 是 18 的因数，也是 27 的因数，1 就是 18 和 27 的因数；再想 2，2 是 18 的因数，但不是 27 的因数；再想 3，3 是 18 的因数，也是 27 的因数，就这样一直下去，找出了 18 和 27 的公因数有 3 个。

师：老师刚才发现你在使劲儿地找，别的同学已经完成了，你还在使劲儿找。你现在有什么话对自己说吗？

生 2：我这个方法不好，太慢！

师：其他同学有什么想法？

生 3：这个方法找起来慢，而且会漏、会错。

师：有什么好办法呢？

生 2：用一一列举的方法。

师：还有其他方法吗？

（没有学生举手）

师：老师想给大家推荐一种，请大家看书上第 27 页的第二种方法。

（学生自由读）

师：谁读懂这种方法了？

生：先找出 27 的因数，再从 27 的因数中找出 18 的因数，就是这两个数的公因数。或者先找 18 的因数，再从 18 的因数中找出 27 的因数。

【点评】

有的老师在发现学生的练习中有错误或不好的方法时，会假装“失聪”“失明”，陆老师却不会这样做，她敢于展示学生的“笨办法”，令学生发现自己的错误与不足，也在这一过程中学会了优化解决问题的策略。同时，其他学生也体会到这种方法不但费时，而且容易发生错漏现象。在陆老师的课堂上没有说教，更没有批评，陆老师用精彩的教学语言艺术，和对学生的无比尊重与深深热爱，引导学生走向正确的道路，在课堂中获得生命的成长。

【案例 83】

如果课堂环节不能自然过渡，课堂就会出现裂痕。如何避免这样的情况呢？许多名师都采用让学生给课文拟个标题的方法来过渡，特级教师宁鸿彬也不例外。我们一起来看这一精彩教学片段。

特级教师宁鸿彬《七根火柴》

师：下面给大家两分钟准备时间，然后请你以红军博物馆讲解员的身份，用讲解员的口吻，根据课文内容，向参观博物馆的观众简要介绍这六根火柴的来历。（众生翻书，思考）

师：谁来介绍？

（两名学生先后走上讲台，做了介绍，教师分别做了讲评）

生 1（走上讲台）：同志们好，大家请看这个展台。这里放着一个党证，这是几十年前光荣牺牲的一位红军战士的遗物。党证上并排摆放着六根火柴。人们不禁会问，这微不足道的几根火柴怎么会摆在堂堂的红军博物馆里呢？那是因为这六根火柴有着不平凡的来历，它曾经发挥过不平常的作用。就是这六根火柴，代表了一位红军战士对党对人民的赤诚忠心；就是这六根火柴，引出了一个曲折而又动人的故事。

那是红军长征过草地的时候……（故事内容略）让我们永远记住这位舍生忘死、大公无私的无名战士吧！

我介绍完了，请大家看下一部分。

师：讲解得很好。是讲解员的身份，是讲解员的口吻。开头和结尾设计得也很好，有一定的创造性。

刚才我们所做的，实际上是对课文内容的创造性复述。大家能不能继续发挥创造性，根据你对本文内容的理解，给这篇课文重新拟定一个标题呢？发言时请你对所拟的标题稍做解释。

（片刻后，众生举手）

生2：我拟的标题是“点燃生命之火的火柴”。我这样拟标题的理由是当时连队因为没有引火的东西而只好吃生干粮了，部队正在危难之中，战士的健康甚至生命受到了威胁。有了那位不知名的战士献出火柴，部队就转危为安了，战士们的生命之火又燃烧起来了。因此我拟了这个标题。

生3：我拟的标题是“烈士的遗物”。我所说的“遗物”不仅包括那位战士献出的火柴，而且包括他舍己为人的高贵品质和对党的忠心。

师：你的意思是说那位无名战士给我们留下的既有物质财富，又有精神财富。解释得很好，有一定深度。

生4：我拟的标题是“无声的回答”。理由是本文写的是一个党员，他在临死（众生：牺牲），牺牲前交给党七根火柴，而且有党证。这说明他一心想着党，牺牲前还想着为党的事业贡献一切力量。这是他用自己的实际行动对党和人民的期望做出的回答。

生5：我拟的标题是“跳动的火焰”。理由是文中写：“红红的火柴头聚集在一起，正压在那朱红的印章的中心，像一簇火焰在跳。”这表示那个战士临终前的赤诚的心在跳，表示他的精神永远绽放着光芒，表示革命的火种是永远不灭的。

师：你这样理解很深刻，这个标题也很形象生动。

生6：我拟的标题是“点点星火映人心”。我说的“点点星火”指的是那位战士的崇高思想，我所说的“映人心”，是指那位战士的精神对别人的教育和鼓舞。这不仅指卢进勇在革命路上大步向前，也指所有的战士受无名战士鼓舞大步前进。

生7：我拟的标题是“舍己为国的无名战士”。理由是无名战士在生命的最后时刻，在“有一堆火，有一杯热水，也许他能活下去”的情况下，仍舍不得用一根火柴，而是托付战友把火柴交给部队。

由此可以看出，他为了国家和民族可以舍弃自己的一切。他的品质是高尚的。

师：你是从概括人物精神品质的角度拟的标题，这样拟标题也很好。

生8：我拟的标题是“普通而又不普通的火柴”。理由是火柴是极平常的东西，又微小又不值钱。但文中的这七根火柴却是一个战士用生命保存下来的，而且对部队能不能走出草地起到了重要作用。所以说它既普通，又不普通。

师：把你的意思概括起来就是火柴本身普通，而它的意义和作用不普通。你说得很好。

生9：我拟的标题是“永恒的火光，永恒的路标”。理由是火柴的光亮是微小的，但点起篝火来会越烧越旺，无名战士的精神就像这火光一样永远在人们心里闪亮。他临终前“只有那只手是清晰的，它高高地擎着，像一支路标，笔直地指向长征部队前进的方向……”这是他用自己的忠心树起的路标。这路标指着前进的方向，指着胜利的方向。虽然无名战士牺牲了，但他用手树起的这个路标，将永远留在人们的心中。

师：你拟的标题很有文采，既生动形象，又含义深刻。很好。

【点评】

宁鸿彬老师对学生创造性的讲解给予了高度评价，为进一步激发学生的创造才能，宁老师趁热打铁，又引出了精彩的一幕——通过重新加标题，极大地激发并有效地训练了学生对课文内容的概括能力，推动了学生的创造性思维和语言表达能力的发展。

【案例84】

有一名教育家曾说：“没有尊重，就没有自信，没有个性，就更不可能有创造了。”是的，每个人的内心深处都有一种被肯定、被尊重、被赏识的需要，教师要在每一次与学生的交流中抓住闪光点，从教学的“主宰者”转变为学生的“伙伴”，成为“首席学生”。正如赵志祥老师做到的那样，在心灵上与学生实现零距离接触。

特级教师赵志祥《白鹅》

师：那现在咱能不能不看书，回想一下，这篇课文给你留下最深刻印象的是哪一句话，哪一个词，哪一段，或者是哪一个什么什么？只要给你留下深刻印象的地方，都可以交流一下。谁愿意说？

生：架子，那个白鹅架子，架子十足的那句话。

师：“白鹅架子十足”的那句话，想不起来了是吗？没关系，待会儿从课文中把它找到。请坐。

师：还有谁来说？

生：给我留下深刻印象的是描写鹅吃东西的那一段。

师：描写鹅吃东西的那一段，书上好像有一个词，叫吃什么来着？

生：慢条斯理。

师：不是，叫吃什么来着？

生：吃相。

师：哎，对，“吃相”给你留下了深刻印象，不错。还有吗？再接着说。

生：我喜欢《白鹅》这一课的中心句。

师：哇——了不起！这个同学读书很会动脑筋，说话和别人不一样。他说他喜欢《白鹅》这一课的中心句。请问，哪一句？

生：具体的是哪一句我也记不清楚了。（笑声）

师：没关系，你请坐。孩子们，咱们打开书，帮助他一起找，找到了再说，看谁能找到，找到中心句。（生齐翻书自己找）找到的可以拿笔把它画下来，我看画得准不准。（边巡视辅导边调控）嗯，厉害，一下子就找到了，画得不错。对，画好了就举一下手，我会过去看。（走到一个举手的学生跟前）能再去掉一句，只留一句就更好了。（又走到一个举手的学生跟前）嗯，画得准，好。真厉害，咱班同学真了不起，一下就找到了中心句。能读一读中心句吗？谁来？

生：鹅的高傲正表现在它的叫声、步态和吃相中。

师：画这一句的举手。

（众生纷纷举手）

师：把手放下。画对这一句的都了不起。这一句是这篇文章的中心句，不过呢，还要加上一点，这是中心内容的句子。还有一句也叫中心句？请你……

生：它伸长了头颈左顾右盼，我一看这姿态，想道，好一个高傲的动物啊！

师：嗯，你画的这个地方很准。如果请你把这段缩句，缩到最短，只选其中的一小部分，你选哪里？还请你，你来。

生：好一个高傲的动物！

师：请坐。画这一句的举手。好！画这句的同学也非常了不起！请看黑板。我有一个习惯，我比较喜欢老师写字的时候，学生也跟着一起写。写在书上就可以了，你觉得书上哪个地方适合写，就写在哪个地方，好吗？准备动作真快。我还发现你们握笔的姿势都是正确的。坐姿也非常美，嗯，真不错！最好不仅看老师写什么字，还要看老师怎样写好看这个字。（师在黑板上“白鹅”前添加“高傲的”三个字，然后巡视）嗯，不少同学很聪明，对，他就在课题前边写上“高傲的”三个字。有的同学在课题的旁边写了“高傲的白鹅”五个字，这都是非常好的方式，不错。

师：好！坐端正，看黑板，咱们一起读一遍。

生（齐读）：高傲的白鹅。

【点评】

赵志祥老师的课，让人深深体会到，作为一名老师，不仅要用敏锐的眼光去捕捉学生身上转瞬即逝的“闪光点”，还要给予学生鼓励的评价性语言，使表扬获得最大效应。一声声赞美使这堂普通的语文课充满了灵性。在赵老师的夸奖下，不自信的孩子更自信了，不敢发言的孩子敢说了，课堂上精彩不断，亮点频频。

【案例85】

为了在课堂上追求所谓“完美”的教学效果，在课堂教学中，一些上公开课的教师或一味给以“你真棒”“好极了”的表扬，或以含糊其辞的“答得不错”来回应学生的精彩回答，或只提问和激励那些回答问题正确率高而且流畅的学生，而对那些思考问题较慢、回答问题经常出错的学生置之不理……这些失当的、不利于课程目标达成的课堂激励俯拾皆是。特级教师王文丽却不是这样。在给三年级的孩子上《锡林郭勒草原》一课时，王老师关注每一位学生，关注学生的情绪和情感体验，关注学生的道德和人格养成，真心呵护，用“心”施教。

特级教师王文丽《锡林郭勒草原》

（王老师叫同学们读课文。学生读后纷纷举手）

师（走到一位低着头、未举手的女生前）：你为什么不举手？

生：我有点紧张。

师：读书就不紧张了，能试一试吗？

（生默然无语）

师（扶着她的肩膀，轻声地）：我给你起个头，能读吗？

生：能。

（师起了头。生开始小声地读，后来越读声音越大，越读越流利）

师：你现在还紧张吗？

生：不紧张了。

师：你知道你在多少人面前读书吗？

生：不知道。

师：我告诉你吧，你在四千多人面前读书，多不简单啊，回去告诉你爸妈，你敢当着四千多人的面读书，多么了不起，多么自豪，多么骄傲啊！

（生脸上渐渐浮现笑容）

【点评】

胆小的孩子往往敏感而脆弱，需要老师的呵护和疼爱。王文丽老师“我给你起个头，能读吗？”中蕴含的激励和引领比“我们会耐心等待，以后再欣赏你的精彩表现”中蕴含的宽容和期待好得多，它能慢慢引导孩子，让孩子变得自信。这些精彩的课堂语言，不仅源于王老师丰厚的文化底蕴和杰出的创造才能，更源于她对教育事业和学生们的深厚的爱。

五、善于激励性评价

【案例 86】

特级教师李卫东执教的《可爱的草塘》时，课堂充满了师生互动、生命活力，李老师和发言的每位学生交朋友：学生回答错误时，鼓励学生；学生回答正确时，真心赞美学生。这不仅拉近了师生间的距离，使学生没有压力，而且还使学生在轻松愉快中有所收获。

特级教师李卫东《可爱的草塘》

师：谁能把草塘很大的那种感觉读出来。

（四名学生有感情地朗读这一句，最后一名学生读得非常好）

师：能不能把你的方法告诉大家，为什么你一读就让人感觉草塘很大？

生：我读的时候是入情入境用心去读，就像真的到了草塘里一样。而且我把“大海中”读得非常慢，“大——海——中——”，就觉得草塘非常非常的大。

师：咱们按照他这种方法试一试。

（学生练习读）

师：哪个词语用得好？

生：是“置身于大海中”，作者不是站在大海边，而是像来到大海中间，说明草塘很大。

师：谁再来读别的句子？

生：“仔细瞧那浪花，近处的呈鲜绿色，远一点的呈翠绿色，再远的呈墨绿色，一层又一层，最后连成一片，茫茫的跟蓝天相接。”我觉得就像看到了绿色的大海一样，近处的和远处的颜色不一样，有变化，变得很美。

师：你体会得好。请看，（出示绘有草塘的投影片，并随着学生的朗读为画面覆盖上不同的颜色）变得多美。你头脑中想象的颜色变化肯定更美。谁能通过读，把颜色的变化表现出来？

（一名学生读句子，读得非常好）

师：变化得非常美，我注意到她跟老师刚才读的方法不一样。我读“近处的……”“远处的……”“再远的……”这三个分句时声音是由强转向弱，表现草塘里颜色变化的美；她由弱转向强，然后再弱。多有层次，多有美感。这就是创造。我今天学到了一种朗读的新方法，我应该谢谢这位同学。请问你贵姓？

生：我姓曹。

师：谢谢曹老师！

生：我应该称您为老师。

师：不，谁创造了新的知识，谁就是老师！

师：咱们请三名同学来读，我们再来体会体会。

（由学生自己指名，三名男同学读课文，非常精彩）

师：真是最佳组合了。还有没有更好的组合？我们请三名女同学来读。

（有三名女同学自由组合，刚要读）

师：这次读，不许你们看书。

生（惊奇）：啊？

师：不过，答应你们看投影片。（出示写有三句话开头分句的投影片）看着它来背，行吗？

生：行！（三名学生看着提示顺利地背下来，全场鼓掌）

师：还有谁行？

（生均举手）

（全班同学高声齐背，来看提示）

师：我没有给你们时间背，为什么你们能背下来？

生：因为我们已经把这段课文读熟了，而且我们用心去感受，深刻地理解了课文，感受到了草塘的美，自然而然地就背下来了。

师：说得好。用心去感受课文，你就能够终身不忘。感受到的东西，不是说忘掉就能忘掉的。我们再回到课文。无论谁看到这么美的景色，都要发自内心地去赞美。谁来读第六自然段？

生：“我不由自主地说：‘这草塘真美啊！’”

师：你是这样赞美它。

（又有五名学生读第六自然段，语气各不相同）

师（又示范了几种不同读法）：我们用自己的方式来表示自己的感受，这才叫真正的朗读。

师：假如我们找一个词语来形容这时作者的心情，用哪个词语？

生（齐）：不由自主。

师：就在这个时候，小丽又给他讲了北大荒草塘里冬春两季的物产。那么，小丽介绍自己家乡的物产时是一种自豪的心情。咱们请四位女同学来当小丽，分别读第七、第九、第十一和第十三自然段；请一位男同学来当作者，读第八、第十、第十二自然段。咱们得一边听读一边体会，草塘里的物产到底有多少。

（五名学生分角色朗读第七到第十三自然段。）

【点评】

此片段可以看出，一个好的老师应该是一个善于倾听、语感敏锐的老师，在请学生朗读的过程中，李老师仔细听，听出了惊喜。他发现了学生朗读时处理的方式与他的竟不一样！在短短的时间内，他马上把这种由衷的喜悦转化成了激励性的评价语言。“多有层次，多有美感。这就是创造。”而且还称这位同学为曹老师，这样的赞美是发自内心的，是具体的。这样的评价就像一团点燃学生的创造欲、表现欲的火焰，让学生更加有自信地去创造。

【案例87】

特级教师宋运来执教的《早》引导学生围绕“课文是怎样写梅花‘早’的”“课文又是怎样写鲁迅‘早’的”两个问题直奔重点段深入朗读课文，在读文中解疑，最后水到渠成地解决了“早”“梅花”“鲁迅”三者之间的关系这一教学难点。教学中，宋老师对学生进行中肯的评价，学生在与文本、与教师的对话中，逐渐理解了鲁迅这一人物。

特级教师宋运来《早》

师：同学们很会读书，从这些词语与话中就体会到了作者表达的深层含义，真了不起！作者将梅花的颜色、外形、品质写得那样美，能通过你的朗读表现它的美吗？老师特意准备了一段音乐，如果谁读得好，老师就让他跟着音乐读。赶快练习吧！

（生练习）

师（指名一生读）：你觉得他读得怎样？

生：我觉得“那花白里透黄，黄里透绿，花瓣润泽透明”这一句他读得不够好。梅花的美他没读出来。

师：那请你来展示一下。

（生读）

师：嗯，你读得真棒！都快赶上老师了！还有谁向他挑战？

师：听了刚才这几位同学的朗读，你认为谁表现最棒？让他跟着音乐读。

（生推荐一人跟音乐读）

师：读得真棒！连老师都听得入迷了！能不能不看书把梅花的美说出来？可以用书上的语言，也可以适当加上自己的语言。

（生练习）

师（指一生说）：你觉得他说得怎么样？

生：他虽然能完整地说下来，但没有感情。

师：这位同学又提出了更高的要求，要加入自己的感情，谁再试一试？

师（还请刚才那位同学评价）：怎么样，这次满意吗？

生：满意。

师：我们再来看看课文又是怎样写鲁迅“早”的。请同学们自由读6—8节，把你感受最深的句子画下来，并在书上空白处做上批注，为什么这些句子给你的感受最深。

师（巡视指导）：俗话说：不动笔墨不读书。读书时要边读边想边画边写。可以写你从这个词中看出什么，你从这句话中读懂什么，读了这句话你有什么感受。总之，你怎么想就可以怎么写。

师：我看到很多同学已经在书上写了自己独到的见解，下面请前后四人组成一个学习小组，相互交流一下你们的感受。

（小组交流）

师：同学们讨论得真投入！谁来把你们的学习成果向大家汇报一下？

生：我画了这样一段话："鲁迅听了没有说什么，默默地回到座位上。他在书桌上轻轻地刻了一个小小的'早'字。从那以后，鲁迅上学就再也没有迟到过，而且时时早，事事早，奋斗了一生。"这段话给我的感受很深，可以看出鲁迅对自己要求非常严格。鲁迅早晨迟到是因为给父亲看病，是有原因的，可他听了老师的批评并没有为自己辩解，而是以此激励自己要时时早，事事早。

师：说得多么到位呀！说明你真正用心读书了！还有谁也像他一样，也画这段话，来谈谈你的看法。

生：我画出了"默默""再也""轻轻地"这几个词，这些词语最能看出鲁迅对自己要求严格。

师：通过品词也能领悟人物的品格。

生：鲁迅把"早"字刻在了书桌上，实际上是把"早"字刻在了心里，时时鞭策自己，勉励自己，要时时早，事事早。

师：好一个"早"字刻在心里。你真正走进文中去了。

师：你还觉得哪段话给你的感受最深？

生：我觉得这段话给我的感受最深，"是啊，的确要早，要珍惜清晨，要珍惜春天，要学梅花，做‘东风第一枝’”，我觉得这句话中的“清晨”“春天”都是指一生中最美好的时间，我们一定要珍惜。

师：说得真好！还有谁也画了这段话？说说你的感受。

生：有句谚语说得好：一年之计在于春，一日之计在于晨。我想我也要像梅花和鲁迅那样珍惜时间。

师：你还能结合谚语来谈自己的体会，真好！

生：我还知道“一寸光阴一寸金，寸金难买寸光阴”这句谚语，也是告诫我们要珍惜生命的每一分、每一秒。

生：想想我以前太贪玩，把宝贵的时间都用在玩上了，我真是太不应该了！我以后要向梅花和鲁迅学习，走在时间的前头。

师：同学们的见解深刻，说得真透彻！

【点评】

在这一教学过程中，教师较多地运用了激励性评价语言，引导学生走进文本。其用意在于促进学生把自己感悟最深的文字或思想情感初步转化为自己的语文能力，为全面提升自己的语文素养奠定基础。

六、调动学生主动性

【案例 88】

怎样上课，才能调动学生的主动性，真正让学生做课堂的主人呢？刘志春老师用他的课堂实践给了我们一个很好的回答。

特级教师刘志春《将相和》

师：围绕同学们提的“蔺相如为什么能做到‘完璧归赵’”，大家采用了自己喜欢的学习方法，朗读、默读揣摩、勾勾画画、文中笔记等，而且在各自的小组中进行了交流，下面进行各组交流。请各组的组长先汇报一下。

生：我们组的同学经过讨论，认为蔺相如之所以能完璧归赵，这完全归功于他的机智和勇敢。我们在课文第八与第九自然段找出的原因比较多。具体有以下这几处："蔺相如说：'这块璧有点儿小毛病，让我指给您看。'"蔺相如用这么巧妙的办法从秦王手中理所当然地要回了和氏璧。（师：要回了和氏璧）第二处是他说："您要是强逼我，我的脑袋和璧就一块儿撞碎在这柱子上……"他用这种办法来逼迫秦王用十五座城池和他换璧。（师：要撞璧）第三处是"蔺相如说和氏璧是无价之宝，要举行个隆重的典礼，他才肯交出来"。这是蔺相如用了"缓兵之计"，拖延时间，为的是让手下把和氏璧偷偷送回赵国。我们组的王若珏同学对这一点理解得比较深，下面请他说说。

生：我认为这一处充分体现出了蔺相如的机智。当时，和氏璧在秦王的手中，蔺相如看出秦王丝毫没有拿城池换璧的诚意，就上前一步对他说这璧有点小毛病，要指给秦王看。蔺相如用这么巧妙的办法使和氏璧又回到了自己的手中。而且我认为蔺相如对秦王说这句话的时候语气一定是柔和的。

师：那你来读读看。

（生朗读）

生：我和王若珏同学有同感。但我觉得像蔺相如这样的爱国使臣，是不会向秦王低三下四、奉承拍马的。

师：也就是对王若珏同学朗读的语气不赞同，是吗？

生：是的。我觉得应当是柔中带刚的语气。

师：那你来试试看！（生朗读）

生：我想大家都知道当时秦国最强，赵国实力相对较弱。蔺相如说话的时候，只有用比较柔和的语气，秦王听了才会信以为真，听得比较高兴，才会把和氏璧交给他。

师：这样，你们两位同学再把这句话读一读。如果我们大家是秦王，你感觉自己听了谁的话后会更愿意把璧交给他。（两位学生分别读句子，其他同学认真听）

师：大家更愿意将璧交给谁呢？

生（齐）：王若珏同学。

生：在讨论的时候，我有一个疑问：蔺相如在准备撞柱的时候，难道他就不怕秦王真的逼他撞吗？如果秦王真的逼他撞，他会怎么做呢？

师：这个问题很值得讨论，我们稍后研究。

生：蔺相如之所以能完璧归赵，有很多的原因，我们要为第一组补充。这一点在第六自然段，是我们组的张元说出来的。

生：我认为蔺相如能成功“完璧归赵”，与他所做的充分准备是分不开的。他在还没有去秦国之前就分析了两种可能性和两种对策：“我愿意带着和氏璧到秦国去，如果秦王真的拿十五座城来换，我就把璧交给他；如果他不肯交出十五座城，我一定把璧送回来。”他想到了怎样使秦国理屈，使秦国没有动兵的理由。这充分体现了蔺相如的深谋远虑，他对于能够“完璧归赵”显得胸有成竹。

师：老师对你说的“深谋远虑”这个词特别感兴趣，我将它写在黑板上。

生：刚才他们两个组谈到的内容，我们组都谈到了。而且我们还在课文第九自然段找到了一个重要的原因。关于这一点，李英杰同学谈得比较透彻，我们请他谈一谈。

生：我认为这一点很重要：“蔺相如知道秦王丝毫没有拿城

换璧的诚意，一回到宾馆，就叫手下人化了装，带着和氏璧抄小路先回赵国去了。”在这句里，“抄小路”很能体现蔺相如的机智，“抄”是走近路的意思。蔺相如之所以叫手下人抄小路有两个原因：一是不让自己的行动被秦国人发现：二是能尽快将和氏璧送回赵国。

师：我特别欣赏的是你抓住关键字词理解课文内容。

生: 我想就刚才的内容补充一点: 蔺相如叫人化了装也很重要。否则，或许一出门就被秦国人抓住了。

…………

师：下面开始，围绕“蔺相如为什么能做到‘完璧归赵’？”这个问题自由发言。

生：我从“蔺相如捧着璧，往后退了几步，靠着柱子站定”看出了蔺相如的机智。因为从图上可以看出蔺相如身边就是秦国的大将军，如果蔺相如直接站在秦王身边说这一番话，一定会被抢走璧，到那时，他自己的性命也会不保。而蔺相如往后退了几步，靠近柱子站定就不同了。这样既可以保住和氏璧，也可以让秦王信以为真。

师：你这种读书的方式很好。不仅读了课文中的文字，还联系到文中的插图思考。

【点评】

在刘老师的课堂上，学生真正地成了主人。刘老师把自己放在一个鼓励者的位置，但并没有一味地表扬学生，也没有对学生的回答不置可否。他的鼓励是诚恳的，是及时的，是热情的，又是有分寸的。刘老师的鼓励有的是对学生学习行为上的肯定，有的是对学生学习热情上的肯定，有的是对学生学习态度上的肯定，有的是对学生学习思考后回答的结果上的肯定，而且用词具体恰当，让我们从中得到启发。

【案例 89】

特级教师钟麒生善于运用机智、幽默的教学语言，营造民主、轻松、愉快的课堂氛围。他鼓励学生对同一个问题积极寻求不同的思路、不同的解法，鼓励标新立异，培养学生的创造性思维。以下是钟麒生老师执教《按比例分配》一课的教学片段。

特级教师钟麒生《按比例分配》

二（1）班体育黄老师要把 24 个实心球按 5：3 分配给男、女两组同学进行练习，男、女两组同学各分到几个？

（学生尝试解答，教师巡视指导）

师：我建议你们画出示意图，有困难的同学可以相互商量一下。

生 1：我是这样做的：

24÷（5+3）×5=15（个）

24−15=9（个）

师：能说说你的想法吗？

生：我是这样想的，24 个实心球中，男同学有这样的 5 份，女同学有这样的 3 份，一共有这样的 8 份，每份是 24÷8=3（个），那么男同学就有 3×5=15（个），女同学就有 24−15=9（个）。

师：同学们你们理解他的想法吗？我们把他的想法用图来表示一下，好吗？

（师生共同画出示意图）

师：24÷（5+3）=3（个）是哪一部分，谁来指指看？

师：真巧妙，这样一来，三、四年级的同学都会做了。

生 2：我是这样做的：5+3=8

$24\times\frac{5}{8}=15$（个）

$24\times\frac{3}{8}=9$（个）

师：也是 15 个、9 个，能说说你是怎么想的吗？

生：我是想 24 个实心球中男同学有 5 份，女同学有 3 份，一共是 8 份，那么男同学就是占了总数的 $\frac{5}{8}$ ，女同学占了总数的 $\frac{3}{8}$ ，求男、女同学各分到几个，就是求 24 的 $\frac{5}{8}$ 、24 的 $\frac{3}{8}$ 是多少？所以，只要用乘法计算，就可以解出来。

师：你们同意他的想法吗？（学生均表示赞同）

师：太聪明了，居然转化成了求一个数的几分之几是多少，用乘法计算。

师：还有不同的想法吗？

生 3：我是用比例解的，设男同学分到 x 个。

$x : 24=5 : 8$

$8x=5\times24$

$x=15$

$24-15=9$（个）

师：x : 24 是谁与谁的比？（生：男生分到的个数与总数的比），5 : 8 呢？（生：也是男生分到的与总数的比）。比值一定，成正比例。

师：看来这位同学比例应用题学得非常好。有些题目用比例解或者用方程解，思考比较简便。

【点评】

教师评价是否得当、到位、有效，往往影响一堂课的成败。科学的评价性语言会紧紧地抓住学生的思想，引领学生的思维。钟老师根据学生的表现情况逐层深入地把学生引向知识的深处。在数字与学生的组合中找到了和谐的旋律，使孩子们在快乐的数字中拨动心弦，弹奏出世界上最美妙的乐曲。

第六章

结课艺术，完善教法

如果说好的导入环节是成功的一半，好的讲授环节是成功的另一半，那么好的结课环节则是锦上添花，是“更上一层楼”。所以教学不仅要讲究导课方法，也要重视结课艺术。如果听一些名师的课或阅读他们的教学实录，我们就会发现，他们会恰当运用结课艺术，给一堂课画上一个圆满的句号，深化和升华学生所学的知识，使这节课巧妙起到“收口”和精彩“点睛”的效果。

一、总结式

【案例 90】

学生往往不善于对本节课所学知识进行整理，学到哪里，听到哪里，书本一放，时间一长，什么都忘记了，这不利于知识的巩固。因此，一节课讲完后，教师应引导学生对所学的知识进行梳理，促使知识条理化、清晰化。

特级教师余映潮《鹤群翔空》

师：你的语言表达非常美。好，老师也写了一些发现，简单地和你们交流一下。老师认为文章中最有表现力的一个词是“湮没”，“苍鹰湮没在鹤群之中”，它怎样地表现了鹤群的精神？老师还认为全文就像一本微型的连环画，也像是《动物世界》里面的解说词。老师还联想到，这一篇文章好像一幕短剧，它有“人物”的出场、演出、退场，有矛盾的产生、激化、平息。老师还发现，这篇文章告诉我们：人没有一帆风顺的旅途。如果要老师用一句话来评点这篇文章的话，老师会说，这篇文章写的是什么？

生：写的是生活中的波澜。

师：好，老师还给它提点意见，这篇文章用了 7 次“高空”，翻译过来有点乏味，可不可以用“蓝天”“蔚蓝的天空”来代替一下？还有一个地方我总觉得有点不真实，你看鹤群“最后小如蚊”，已经看不见了，而作者又写它们“加快速度”，这好像有点矛盾，这么遥远的天空，很难发现它们“加快速度”。好，这是一点质疑。

师：好，咱们今天的三句话，实际上应该是这样三句话：

速读课文，整体式概括；

寻读课文，板块式积累；

细读课文，多角度品味。

这就叫作“三句话自读法”。当你拿到一篇课文的时候，不妨试一试这样的读法，希望这种方法对你们今后的学习有用。下课。

【点评】

在这堂课的收束中，余老师用自己的话来为同学们再三强调指出文章中的深刻内涵，使全文的内容一目了然，而最后的“三句话自读法”的概括，更为学生今后的学习指出方法，既使学生对本课所学方法有明晰的了解和把握，又增强了教学的效果，令人佩服。

【案例91】

实践证明，当学生的期待视野与教师的教学内容两者水平相当时，师生才能相互沟通，发挥阅读期待的作用。从这个角度看，特级教师葛银铨从课始到结尾，创设了多种有效情境，充分关注学生的学习状态，不断地调整，让学生从期待中得到满足，又从满足中走向新的期待，始终能兴趣盎然地投入到学习中。

特级教师葛银铨《詹天佑》

师：刚才的新闻发布会上，许多同学发布了自己取的路名及其命名的理由，下面我们来评一评自己心目中的最佳路名。

（生评选略）

师（小结）：是啊，大家给京张铁路取的名字真好！分析这么多路名，归纳起来，其实大家都是从赞颂詹天佑的杰出智慧和爱国热情这两个角度来命名的，在命名过程中，也表达了大家对詹天佑的怀念、崇敬以及自己作为一个中国人的自豪。

师：最后，让我们肃立在詹天佑的塑像前，一起用饱满的感情来朗读课文最后一个自然段。

【点评】

这样的结课，在总结、提炼中调整、拓宽了学生的阅读期待视野，让学生获得更宽厚的知识和能力，受到更醇厚的人文情怀的熏陶。

二、情感式

【案例 92】

良好的开端是成功的一半，而完善、精要的结尾，犹如“画龙点睛”，会使课堂教学再起波澜，从而使教学活动画上一个完美的句号。因此，精心设计的结课环节，对于巩固教学效果，有着举足轻重的作用。

特级教师薄俊生《掌声》

师：我们要珍惜别人的掌声。可以从别人的掌声中吸取前进的信心和力量，鼓起生活的勇气。那别人是不是也需要呢？所以对大家来说——读课文最后一段。

（生齐读最后一段）

师：同学们，让我们把这感人的哲理铭记在心。我们将最后一段记在心里。背背看。

（生背最后一段）

师：记住了吗？

生：记住了。

师：记住的同学让我们大家一起站起来说出我们大家共同的心声。

（生齐背）

师：听了大家的朗读，老师想起了一首歌。这首歌的歌名叫作《爱的奉献》。

（歌曲响起）

师：同学们有没有想过，我们除了可以用掌声把自己的关爱送给别人，还可以用什么把关爱送给别人？

生：我们还可以用歌曲把自己的关爱送给别人。

生：用礼物把自己的关爱送给别人。

…………

师：还有很多很多方式对不对呀？我们可以用语言把自己的关爱送给别人。向受堵的人说一句解围的话；向疑惑的人说一句提醒的话；向自卑的人说一句鼓励的话；向痛苦的人说一句安慰的话。这每一句话献出的都是我们的一股浓浓的情，一份深深的爱。我们可以用行动把自己的关爱送给别人，我们可以为希望工程捐一份款；给老弱病残让一个座；帮爷爷奶奶做一次家务；为班上同学辅导一次课。让我们牢记人人都需要爱，特别是一个人身处困境的时候。让我们在珍惜别人的爱的同时也不忘记把自己的爱献给别人。只要人人都献出一点爱，这世界将变成美好的人间。

【点评】

人性需要被点燃、被激活。薄老师在教学时，以语言训练为突破口，以学生内心的情感变化为主线，通过扎实有效的语言训练，让学生懂得了“掌声”的真正内涵，懂得人与人之间需要尊重、鼓励，对别人多献出一点爱，世界才会变得更加美好。课之结束，学生的灵性在这里得到飞扬，智慧的火花在这里得到闪亮。

【案例 93】

音乐的美感愉悦作用对人的心理和生理有良好的影响，因此，许多语文教师运用它来丰富学生的审美情感，增强情绪体验，激发学生向上的道德力量。

特级教师韩军《登高》

师（深情地）：同学们，这首诗大家已经背下来了。杜甫是我们民族的精神祖先，是我们每个人的精神先辈。让我们在音乐声中背下这首诗，永远铭记这首诗，这是杜甫留给我们的一笔宝贵的精神遗产。

（课在歌曲《二泉映月》及学生深情的朗读声中结束）

【点评】

课堂上，音乐声、朗读声构成了奇妙的交响乐，深深地影响着学生。这样结课，易于引起学生思想感情的共鸣，强化对课文思想内容的理解，胜过千言万语。因此，教师在教授诗歌等文学作品时，若巧妙运用音乐烘托、师生朗读等方法，有助于学生深入地理解所学的诗文。

【案例 94】

特级教师程红兵讲完《荆轲刺秦王》中“易水送别”时，运用准确精练的语言，对课文的精要之处进行点化、揭示，激发学生的思想感情，真正达到文章“如出我手，如出我口”的境界。

特级教师程红兵《荆轲刺秦王》

师：明知山有虎，偏向虎山行。明明知道一去不复返，仍然就车而去，义无反顾。这正体现了我们人类不可征服的伟大精神，体现了人类在与自然界、社会、命运抗争搏斗所表现出来的不屈不挠的伟大精神和伟大主题。这种精神和主题的本质，就是悲壮。如果艺术失去了悲壮，就失去了力度；如果人生失去了悲壮，就失去了尊严；如果一个民族失去了悲壮，就不可能强盛而只有懦弱与胆怯！悲壮艺术，是滋润一个民族必需的养料。

【点评】

这样的结尾，学生怎么能不感动呢？学生会全身心投入到课堂的学习里去，置身到两千多年前的战国风云中去，体会荆轲的内心世界，把握荆轲灵魂深处的波动。

三、引用式

【案例 95】

在课堂结束前引用恰当的材料，可使得课堂韵味悠长。比如程翔老师在讲李白的《梦游天姥吟留别》时，借用诗歌最后一句收束课堂。

特级教师程翔《梦游天姥吟留别》

师：长安三年，李白并非没有获得高官厚禄的可能，只要他向权贵们稍一低头，哪怕只有一句阿谀奉承的话，他便高官任做，骏马任骑了。然而，李白的伟大就在于他不愿为了高官厚禄而低下高贵的头，不愿为了荣华富贵就出卖自己的灵魂和人格，那简直比杀了他还要严重！李白在政治上失败了，但在文学上成功了；他暂时地失败了，却永远地成功了。这就是李白。同学们，这节课就上到这里，下课。

（多媒体课件上缓缓展示。）

《李白墓》

白居易

采石江边李白坟，绕田无限草连云。

可怜荒垄穷泉骨，曾有惊天动地文。

但是诗人多薄命，就中沦落不过君。

【点评】

程老师的这段结束语，充满哲理，十分感人，而白居易的这首让读者无限遐想的小诗，则给学生留下了无穷的回味余地。可见，在结课时，灵活设计“高潮”，可以把学生的“心”紧紧“抓住”，收到“言已尽而意无穷”的神奇效果。

四、首尾呼应式

【案例96】

文章结尾时，为了使前后呼应，中心明确，线索清楚，常常要对前文加以照应，有的还把全文的中心思想归纳出来。

特级教师黄厚江《谏太宗十思疏》

师：我也赞同这位同学的观点。因为只有“积其德义”才能概括（板书：积其德义）“十思”的全部内容。同学们可以在对课文的继续学习中，加深对这个问题的思考。从这个角度看，有许多句子是不能删去的，否则文章的中心就不够明确，结构也不够严谨清晰。而删去的许多句子，可以使文章的中心更突出、更鲜明。比如第一小节“德不处其厚，情不胜其欲”，第二小节“莫不殷忧而道著，功成而德衰”，都在强调德义的重要；文章结尾的“无为之大道”是什么呢？也是强调德义。有了德义，就可以垂拱而治，也就到了治国的最高境界。

同学们，魏徵这篇奏疏通过严密的论证，表达了对唐太宗忠诚恳切的告诫，也表现了一个政治家的远见卓识。我觉得，他的告诫不仅对唐太宗，对历代国君，非常重要，即使对我们这些普通的人也很有借鉴意义。我读这篇文章，就针对自己的缺点从文中的一个句子中摘取四个字作为座右铭，时时告诫自己："谦冲自牧。"我相信，文章中的许多话对同学们也一定很有启发。如果请大家也从文章里摘取一个句子作为自勉的话，或者作为赠言送给别人，你会摘哪一个句子呢？（学生看书）

（生摘取句子。）

师：下课之前，我想送同学们一句很熟悉的话，那就是："书读百遍，其义自见。"这句话同学们一定很熟悉，我想强调的是，这里的"读"不仅指用口去读，更重要的是用心去读。这样才会有自己的感受，才会有自己独到的理解和发现。

这节课我们从整体上把握了《谏太宗十思疏》的基本内容和思想感情。课后，请同学们比较教科书和所发资料上注释的不同，根据你对文章的理解，看看怎样标注更好，有没有哪个课文没有加注的词你还不理解，能不能借助工具书，为它们加一个注释。下一节课我们再一起来学习、探讨。

下课！谢谢同学们！

【点评】

在课堂收束中，黄老师没有简单地自己概括，而是引导学生摘取文章的重点，可以说，这种匠心独具的课堂结尾，极富有创造性、智慧性。

【案例 97】

结合新课的内容，教师以照应开头的方法结尾也是一种不错的方法。

特级教师王君《纸船》

师：冰心奶奶把诗歌折成了一只纸船，那么同学们，你们又可以把你们的爱折成什么呢？生活中有那么多美好的事物，让它们来表达你们心中的爱吧！

（优美的二胡曲《长相思》响起，学生依照课件上的仿写要求，埋头创作）

师：心中有爱就要表达。同学们，用你们最真的情朗诵你们的爱吧！

（众生朗读自己仿写的诗）

师：同学们，你们的真情深深打动了我，我忍不住想要告诉你们，冰心奶奶的信实际上来自天堂。信是杜撰的，但老师的感动是真的。老师感动于同学们有一颗感受爱、感受诗歌的真诚热烈的童心，更感动于同学们挑战名家、挑战自我的勇气与信心。

亲爱的同学们，倘若你在梦中看见一只很小的彩色小船儿，

请不要惊讶它无端入梦。

这是你们亲爱的王老师用爱与诗的精魂叠的。

万水千山，求它美丽你们别样的青春。

（全场响起热烈的掌声）

（多媒体课件上缓缓展示：诗歌是一泓忍不住要喷涌的情感之泉，诗歌是一双灿烂了联想与想象的青春翅膀，诗歌是一个锤炼了千年依旧不朽的语言之梦）

【点评】

这是一个富有抒情意味的收束。在课堂的结尾，教师用自己的一个“生活中有那么多美好的事物，让它们来表达你们心中的爱吧！”给学生的抒发做好铺垫，让学生自由而深情地表达自己的情怀，学生们也写了许多令人难忘的语句。成功不是偶然，阶

梯的巧妙搭建，情感的推波助澜点燃了学生创造的激情。总之，这一结课设计，首尾呼应，浑然一体，体现了课堂结构的圆合之美，令人拍案叫绝。

五、问题式

【案例98】

特级教师胡明道的课堂结尾给学生抛出一个关键性的问题，使学生在师生讨论中获得启迪，更加深刻地理解文章主题，并由此开始主动探索。

特级教师胡明道《狼》

师（补充问）：写的是狼的故事，为什么故事的结尾却说“禽兽之变诈几何哉，止增笑耳”，而不是说“狼之变诈”？

…………

（教师结合演示文稿告诉学生三个有关拯救狼的事实）

师：你觉得这是怎么回事呢？是蒲松龄错了吗？还是环保主义都忘了要保护人类呢？现在就让大家带着问题走出课堂——“文学狼”与“自然狼”的问题研究。

【点评】

课堂收束时，胡老师抛出“写的是狼的故事，为什么故事的结尾却说‘禽兽之变诈几何哉，止增笑耳’，而不是说‘狼之变诈’？”这个问题，使学生在讨论中解决这一疑惑，并引出新的问题，启发同学们去探索。

【案例99】

特级教师钱坤南执教《面积的认识》时也采用了提问式课堂收束，让学生带着疑问离开课堂，更为可贵的是，为后期的知识学习埋下伏笔。

特级教师钱坤南《面积的认识》

师：同学们，通过这一课，我们学到了什么？

生 1：我知道了什么叫作面积。面积就是物体表面或围成的平面图形的大小。

生 2：我知道用各种方法进行面积的大小比较，主要有重叠法、观察法、剪拼法。

生 3：还有数格子的方法。

师：最后，我们来做一个游戏。男生看的时候，女生不能看；女生看的时候，男生不能看。现在开始，女生先看，（出示一个长方形的硬纸板正面）这个图形有多少格？（男生全部闭眼）

女生（齐说）：6 格！

（女生闭眼，老师出示同一个长方形硬纸板的反面）

师：男生来看，有多少格子？

男生（齐说）：24 格！

师：（把这张长方形硬纸板正反交替慢慢翻转）请男生和女生同时看，现在请大家想想，谁看到的图形大？

生：一样大。

师：那么，为什么用数格子的方法不能比较大小呢？看来我们需要学习更多的方法和知识，才能解决这个问题。今天的课，就学到这里，下课！

【点评】

钱老师的结尾真是绝妙之笔！在学生掌握多种面积比较方法，获得巨大成就感以后，安排了一个“泼冷水”环节，激起了新一轮的认知冲突。既是前一认知过程的“点睛”之笔，又是下一认知过程的导火索，为后续知识的学习打下伏笔。

【案例100】

传统教学以学生懂为目的，内容听懂了，问题解决了，就大功告成，功德圆满。教者在结课时若能“节外生枝”，设疑问难，定能出奇制胜，收到意想不到的效果。

特级教师钱梦龙《石壕吏》

师：有人认为《石壕吏》不是一首好诗，因为诗人杜甫在这首诗里始终是一个冷漠的旁观者，没有出来表态。你们同意这个观点吗?

“一问激起千层浪”，课堂气氛顿时活跃起来，学生展开了热烈的讨论。有的同学表示同意，有的表示反对，并各自在文中找依据。后来学生一致认为：“伟大诗人杜甫在《石壕吏》中是通过人物刻画和情景描写来表态的，诗人虽然没有直接表态，但同情谁、憎恶谁，态度是明确的。”

【点评】

这问题好像节外生枝，但正是这一问，把学生的思维又带到一片新天地，使他们从更高的境界去审视课文内容和所反映的文学现象，使教学出现新的高潮。